JN439027

아름다운 사람아

현대수필작가회 제14집

아름다운 사람아

2011년 11월 10일 1판 1쇄 발행

지은이 · 정목일 외 13인 | 발행인 · 이선우

펴낸곳 · 도서출판 선우미디어

등록 | 1997. 8. 7 제300-1997-148호

110-070 서울시 종로구 내수동 75 용비어천가 1435호

☎ 2272-3351, 3352 팩스: 2272-5540 sunwoome@hanmail.net

값 10,000원

ISBN 978-89-5658-291-7 03810

현대수필작가회 제14집

정목일
반숙자
염정임
정태원
김은숙
최일순
조설우
이옥자
남기연
김정택
이부림
장영향
남영숙
이병훈

선우미디어 sunwoomedia

≪아름다운 사람아≫를 내며

누군가 '글을 쓰는 것은 숙명적 멍에'라고 했다.

숙명이란 말에는 선천적인 재능의 의미가 있고, 멍에는 후천적인 노력의 의미를 담고 있다. 글은 타고난 문학적 기질도 필요하며, 고된 역정을 통해서만 하나의 작품을 완성할 수 있다는 통설로, 작가에게는 다짐이며 채찍의 말이 아닐 수 없다.

우리는 60여 년 동안 유일하게 한 호도 거르지 않고 한국현대문학사에 거점이 된 월간 ≪현대문학≫을 통해 등단한 수필가들이다. 그 동안 ≪현대문학≫은 5백여 명이 넘는 시인과 소설가를 배출하여 우리 문단에 주축을 이루고 있으나, 수필가는 30여 명만을 한국문단에 내놓았다. 수필을 도외시한다는 비판적 시각도 있겠으나, 이런 현상은 수필가 중의 수필가로서의 철저한 검증을 위한 사회적 문학적 책임의식 때문이라고 생각한다.

이런 모지(母紙)의 위상은 등단시 우리에게 자긍심을 갖게 했으나, 곧 적잖은 부담감으로 이어졌다. '써야 한다'보다 '잘 써야 한다'는 명제가 늘 앞서기 때문이다. 그 멍에는 밤을 하얗게 지새우는 우리의 어깨를 더 무겁게 짓눌러왔다. 그것은 고통이었다. 참으로 아름다운 고통이었다.

그러나 우리는 '쓰지 않고는 견딜 수 없는' 우리만의 본능에 충실할 것이다. 창작의 기쁨에 몰입할 것이다. 그 결과로 오늘, 14번째 동인지 ≪아름다운 사람아≫를 상재한다.

보기 드물게 고르고 강한 필력을 느낄 수 있는 동인지임을 자부한다. 수필의 형식적 변화를 시도한 '디카 에세이'와 '그림 수필' 또한 우리만의 자랑이다.

이 책을 엮기에 필력을 쏟은 회원 여러분과 이 책을 세상에 내놓은 선우미디어에 깊이 감사드린다.

2011년 10월

현대문학수필작가회 회장 이 옥 자

| 차례 |

김은숙

최일순

조설우

이옥자

남기연

김정택

정 목 일

정목일_ 1975년 〈월간문학〉 수필당선. 1976년 〈현대문학〉 수필 천료. 2003년 계간수필 전문지 〈선수필〉 발행인(현), 2011년 한국문인협회 부이사장. 수필집 ≪달빛고요≫, ≪침향≫, ≪실크로드≫ 외 다수. 마산시 문학상, 경상남도 문화상, 현대수필문학상, 제44회 한국문학상 수상.

세한도(歲寒圖)

겨울 산속의 움막 한 채—. 산은 묵언정진(默言精進) 속에 빠져 있다.

추사(秋史)의 세한도를 본다. 추사 김정희(1786~1856)는 실학자로 청나라 고증학의 영향을 받아 금석학을 연구하였다. 그는 추사체를 만들었고 문인화의 대가였다.

눈보라와 비바람을 막아줄 수 있는 최소한의 거주공간인 세한도의 움막……. 움막 한 채는 추사 자신일지 모른다. 산은 만년 명상을 가졌으면서도 겨울이면 어김없이 동안거(冬安居)에 들어 면벽수도(面壁修道)에 임한다. 초당 앞에 소나무는 어깻죽지가 꺾어져 있다. 뒤편의 잣나무는 고개를 들고 청청하다.

귀청을 울리는 바람 속에 어깨 무너져 내린 소나무는 구부정하지만 푸른 기세는 여전하다. 잣나무는 하늘을 향해 일직선으로 치솟아 있다. 꺾어진 소나무는 늙은 몸으로 귀양살이 하는 추사의 모습이고, 싱싱한 잣나무는 젊은 제자의 기상을 그린 것일까.

세한도는 즉흥적인 그림이다. 일체의 수식과 과장을 떨쳐버렸다. 나무들은 가진 것을 다 내놓아야 혹독한 눈보라와 혹한을 견뎌낼 수 있나보다. 겨울이면 소나무, 잣나무 등 상록수들이 독야청청(獨也靑靑)을 뽐내는 게 아니라, 시련을 견뎌낼 인고의 자세를 취하고 있다.

세한도는 간단명료하다. 초당과 앞뒤 편에 소나무 두 그루와 잣나무 두 그루로 삼각구도를 이룬다. 세 개의 공간 분할로 생겨난 여백은 침묵 속에 빠진 산의 모습이고, 자신의 사색 공간을 보여준다.

세한도는 추사의 삶과 마음을 여실히 보여준다. 이 작품은 자신의 유배생활의 삶과 풍경을 담아놓은 마음의 자화상(自畵像)이 아닐까.

추사는 제주 유배지에서도 청나라의 최 신간서적을 읽을 수 있었다. 제자인 역관 이상적(李尙迪)이 중국에서 구해와 보내준 것이었다. 그는 제자로부터 120권 79책에 달하는 ≪황조경세문편(皇朝經世文編)≫을 받고는 크게 감격했다. 추사는 답례로 작은 집 옆에 벼락 맞아 허리 꺾인 낙락장송이 겨우 한 가지 비틀어 잔명을 보존한 형상을 그린 <세한도>를 이상적에게 주었다.

<세한도(歲寒圖)>는 <불이선란도(不二禪蘭圖)>와 함께 김정희 그림의 쌍벽을 이루는 작품이다. 갈필(渴筆)과 검묵(儉墨)의 묘미가 절묘하게 어우러진 문인화로서 국보 제180호로 지정되어 있다.

추사가 벼슬살이를 할 적에는 당대 최고의 명필이요, 금석학자로서 문화계의 중심인물이었다. 당대 최고의 지식인의 한 사람이기도 했다.

제주도 유배생활은 지금까지 누려왔던 여유로운 삶과의 단절을 의미했다. 추사는 삶의 겨울을 맞아 고독과 절망의 어둠 속에서 뼈저린 소외를 맛보았다. 그는 유배지에서 자신의 삶과 서예에 대해 진지한 성찰의 시간을 보내곤 했다.

추사는 가슴이 꽁꽁 얼어붙는 듯 아픔을 느꼈다. 지금까지 중국 서체를 흉내 내는 데 급급했던 자신의 모습이 우습게만 여겨졌다. 중국문화권에 빠져서 남의 문화를 답습하고 흉내 내던 모습이 부끄러워졌다.

추사는 한국의 서체를 얻어내고 싶었다. 한국의 산, 강, 들판, 한국인의 성격에 맞는 선과 형태와 느낌을 담아내고 싶었다. 우리나라 자연과 민족의 마음이 담긴 서체를 창안해 내고 싶었다.

그의 가슴에선 번개가 치고 하늘을 뒤집고 천둥이 울렸다. 당대의 명필이란 허울과 명성을 벗어버리고, 우리나라 자연과 기후와 마음으로 빚어낸 글씨를 써보고 싶었다. 산능선, 강물의 유선(流線), 기와집 초가집의 선들이 이루는 온화하고도 힘찬 맥박과 감정을 서체에 담아보고 싶었다. 민족의 기개와 흥과 멋과 마음을 꽃피워내고 싶었다. 추사 서체는 제주도 유배생활에서의 고독과 소외가 준 성찰과 자각의 소산이었다.

대화자도 없는 유배지에서 절대 고독과 명상은 참다운 예술세계의 길을 얻게 한 계기가 되었을 터이다. 예술가의 양식(糧食)은 고독과 침묵이다.

그의 제주도 유배생활은 곧 세한도의 세계임을 말해준다. 아무도 찾아오지 않는 침묵과 소외 속의 삶이다. 그는 고독과 소외 속에서 영화와 권력에서 벗어나 자신의 참 모습과 해야 할 일을 찾아내었다. 강대국 문화에 젖어있던 자신의 초라한 모습을 깨달았다.

추사는 겨울 한파에 어깻죽지가 꺾여 내려앉은 구부정한 몸으로 <세한도>의 초당에 들어 침묵의 한복판에 앉아 붓을 들었을 것이다. 막막한 바다를 바라보며 붓을 멈추지 않았을 것이다. 세한도 초당과 소나무는 동안거에 들어 오랜 침묵 속에 빠져 있는 자신의 모습이 아니었을까.

그는 '유배생활'이란 설한풍(雪寒風)에 정신을 차려, '추사체'라는 독보적인 서체를 창안하여, 민족 서체를 내놓게 되었다.

깨달음의 집 같은 세한도의 초당 한 채를 스스로 지어내려면, 안락과 호사만으로 안 된다. 영혼을 단련시키는 시련과 고통을 겪어낼 세월이 있어야 한다. 겨울 산속에 어깻죽지가 부러진 소나무가 돼보아야 한다. 모든 것을 버린 침묵과 고독 속에서 마음의 꽃이 피어난다.

겨울 산 속의 움막 한 채–. '세한도'란 깨달음의 마음 풍경이 다가온다. 추사가 손에 붓을 든 채로 문을 열고 나오고 있다.

상형문자

이집트 황제의 무덤에서 상형문자를 보았다. 대만 고궁 박물관에서도 상형문자를 보고서 나는 고대의 세계로 돌아가는 듯했다.

이집트 황제의 무덤 속에서 보았던 상형문자엔 영혼을 지닌 자연의 형상들이 숨 쉬고 있었다. 새가 날개를 펼쳐 나는 모습, 물고기가 헤엄치는 모습, 나무가 하늘로 가지를 뻗어가는 모습을 그려놓은 것이 상형문자였다. 글자 한 자씩에 사물 한 가지의 골격이 축약돼 있었다. 글자 하나씩이 절묘한 그림이었다.

하늘, 달, 별, 물, 나무, 사람… 등을 첫눈에 척 알아볼 수 있게 해놓은 솜씨가 기막혔다. 단번에 알아차리게 다자인해 놓았다. 사물에 대한 깊은 관찰과 해석이 없이는 이렇게 탁월한 조형미와 감각을 얻을 수가 없을 듯하다.

일행들은 안내자를 따라서 이곳을 그냥 스쳐갔다. 나만

은 꼼짝없이 상형문자 앞에 얼을 빼긴 채 서있었다. 인간이 처음 사용한 문자의 형태미에 취해 떠날 수가 없었다.

상형문자는 나를 상상의 숲으로 끌어들였다. 온통 상형문자로 채워 놓은 무덤 속 한 벽면은 무엇을 전하려고 한 것인가? 황제의 치적을 기록한 것일 테지만, 그의 일생이 거대한 벽화로 남겨져 있었다.

상형문자 하나씩이 하나의 별 같았다. 상형문자들이 한 덩어리가 되어 성좌를 이루고, 성좌들이 모여서 하나씩의 은하계를 이루고 있었다.

상형문자 벽면에 홀려서 도저히 눈을 뗄 수가 없었다. 나무와 해가 만나고, 나무에 물이 만나면 어떻게 되는가. 하늘과 해가 만나면 무엇이 되는가. 상형문자는 자연계의 현상과 순환을 담아 놓은 듯했다. 자연 법칙과 이치와 순리가 반짝거리고 있었다. 세상살이와 자연 세계의 모습을 담은 신비한 그림이었다. 보는 것만으로 사물의 형상이 되살아나서 교감하고 마는 문자가 상형문자일 듯했다. 관계 맺음이고 소통이었다. 하늘과 땅이 만나고 시간과 공간이 만나는 소통과 교감의 세계였다.

무덤의 주인인 망자(亡子)는 상형문자 벽을 보면서 영원을 생각했을까. 수천 년이 지났건만, 고대의 상형문자에선 자연의 열기가 남아있는 듯했다. 컴컴한 무덤 속이 상형문자들로 말미암아 해, 달, 별이 빛나고 있으며, 봄이면 새싹을 피우며 부활하는 나무가 있어 빛깔과 향기를 내고 있었다.

상형문자 벽면은 생명의 신비를 담아놓은 거대한 벽화였다. 우주와 자연의 모습을 형상화시킨 신비도(神秘圖)였다. 망자는 죽음을 맞았지만 그의 영혼은 우주에 닿아 있었고, 영원과 대화를 나누고 있었다.

고궁 박물관에서 내 눈을 현혹시키는 것은 인간이 남겨놓은 미(美)의 창조품보다도 상형문자였다. 중국 대륙에서 가져온 상형문자 유물을 보면서, 황하 문명의 기운을 느끼게 했다. 우주와 자연이 살아서 꿈틀거리고 있음을 느꼈다. 그 어떤 사실화나 시보다도 자연 그대로의 영혼을 느끼게 했다. 자연의 열기와 영감을 얻게 만들었다.

나는 무슨 뜻인지 해석할 수 없는 상형문자가 더없이 좋았다. 정확, 단정, 확인이 아닌 생명 질서의 발견과 삶의 이치에 대한 공감을 느끼게 해주었다. 상형문자에선 우주음(音), 자연 율(律)이 있고, 균형과 조화가 있었다.

상형문자를 보면서 나는 고대인들이 발견했던 영원을 보았다. 상형문자의 발견은 곧 영원의 발견이며, 이로써 고대인들은 우주와 대화를 가질 수 있었다.

상형문자만큼 자연물과 인간의 일들을 간단명료하게 나

타낼 수 있을까. 실체의 핵심을 압축하여 조형화시킨 상형문자는 영원을 나타낸 그림 글자였다. 시의 압축, 상징이 다 들어 있었다.

시, 공간을 초월하고 죽음을 넘어 영원의 세계를 열어주는 문자를 오래 동안 바라보았다. 상형문자에선 고대의 햇살이 넘치고 별빛이 반짝거리고 있었다. 글자가 개미 같고 새처럼 보였다. 물고기인 양 하고 풀 같았다. 자연물들이 그대로 글자가 되어 중얼거리고 살아서 움직이는 생생한 세상을 보았다. 먼 기억처럼 사라져버린 고대문자 속의 세상을 보았다.

해골의 말

—워싱톤 자연사박물관에서

시월 중순 워싱턴에 있는 자연사박물관에 갔다. 1층의 중심엔 거대한 박제 코끼리가 그 위용을 과시하고 있다.

2층 한 전시관은 온통 동물들의 해골을 모아 전시해 놓았다. 공룡의 뼈, 상어의 뼈, 원숭이의 뼈, 사람의 뼈를 모아 둔 전시관이다. 동물들의 해골 전시관에서 외면하고픈 기분보다는 묘한 미감(美感)에 빠진다.

'죽음 이후에도 존재를 말해 주는 것은 뼈뿐구나!'

'해골만이 마지막 말을 하는구나.'

뼈대들로 이뤄진 구조체들은 생명체의 모습을 절묘하게 보여주고 있다. 등뼈에서 하나씩 갈려나간 뼈들의 간격미와 조형 감각이 기막히다. 조각의 천재 미켈란젤로나 로댕의 인체조각이 도저히 미칠 수는 없을 성싶다. 하나의 생명체를 조형하고 창조한 것은 신의 솜씨가 아니면 불가능하다.

해골은 두개골의 뼈들을 말하기도 하지만 뼈들을 총칭하

는 말이기도 하다. 해골은 죽음을 상징하는 것이어서 불길하고 끔찍스럽다. 생명체의 원형을 알려주는 해골은 그 조형미만으로도 감탄을 자아내게 한다. 척추동물들이 남긴 뼈들만으로도 어떤 조각품보다도 아름답다는 생각을 가진 것은 처음이다.

해골의 전시장에 오니, 하나씩의 작품처럼 감상하게 만든다. X선을 통해 동물의 내부를 투시하고 있는 듯하다. 이제 동물들의 생명은 사라지고 살과 피는 온 데 간 데 없어졌지만, 해골은 존재에 대해 입을 열고 있다. 생명체의 삶과 사망 원인을 알 수 없지만, 해골은 존재를 증언한다.

인간의 뼈, 원숭이의 뼈들은 척추를 중심으로 좌우로 뻗어나간 간격이 비례 미(美)에 부합되고 있다. 머리에서 발끝까지 뻗어 내린 척추는 큰 대들보 같다. 척추에서 좌우로 뻗어 내린 등뼈가 활처럼 곡선을 이루며 알맞은 간격으로 자리 잡고 있다. 허물어지지 않는 완벽한 생명구조의 모습이다.

뼈대들은 짜맞춘 듯이 섬세하고 정교하다. 기계의 조립물처럼 어긋남이 없다. 해골을 통해서 생명체는 시머트리(symmetry: 좌우균제)로 구성돼 있음을 본다. 이것은 균형과 조화를 얻기 위한 생명체의 기본 구조 원리가 아닐까. 전시관 앞에서 하얀 뼈들로 이룬 생명구조의 미학에 빠져 우두

커니 서있다. 실로 눈부시게 아름답다.

희비애락을 느끼고 얼굴과 모양을 빛내주던 살과 피부는 어느새 사라진 지 오래다. 바깥에 보이는 살과 근육은 일시성에 불과하다. 해골은 죽음 이후에도 존재의 모습을 증언한다. 영롱한 눈, 능금 빛 볼과 꽃잎 같은 입술은 사라지고 남은 것은 뼈뿐임을 확인한다. 눈에 보이는 표면은 금세 사라지고 말지만, 보이지 않던 뼈가 남아서 존재의 골격을 말해준다.

워싱턴 자연사박물관에서 등뼈동물의 해골을 본다. 나도 등뼈동물의 하나로서 척추가 뻣뻣해지고 등뼈가 뜨거워짐을 느낀다. 죽음 이후의 모습을 뚫어져라 쳐다본다. 짐승들이 달리던 들판과 숲과 바람과 태양을 만난다. 인생이란 한 점의 바람이고 순간에 불과하다. 동물들은 출생 순간부터 생존경쟁의 먹이사슬 속에 삶을 유지하려 애를 써야 한다.

나에게도 죽음 후에 남아 있는 뼈가 있을까. 문득 내 인생에도 뼈가 있는지 궁금해진다. 척추라는 기둥과 중심이 없어서 연체동물처럼 허우적거리며 살아온 것이 아닌지 모른다. 척추를 곧추세우고 가부좌 자세로 열반에 든 부처의 모습을 떠올린다.

죽음 후에도 남겨질 뼈가 있을까. 나는 문득 일생의 뼈, 영혼의 뼈, 아름다움의 뼈, 정신의 뼈를 생각한다. 눈으로 보이지 않지만 세월 속에도 남아있을 삶의 의미로서의 희고 단단한 뼈가 있을까.

자연사박물관 바깥으로 가을비가 내리고 있다. 비만 오면 '뼈가 아프다'던 돌아가신 어머니를 생각한다. 유리 진열관 속에 뼈로 남은 척추동물들을 바라보니 어쩐지 나를 지탱해줄 뼈들이 없는 듯 가슴과 등이 허전하여 뼈를 만져본다. 삶과 죽음을 떠받치는 뼈가 튼실해야 함을 느낀다.

자연사박물관 1층의 박제 코끼리도 척추의 힘으로 죽음 이후에도 서 있음을 본다. 나는 등 뒤로 팔을 올려 크게 가슴을 펴본다. 나에게도 죽음 이후에 존재를 증언해 줄 해골이 있으면 한다.

반숙자

반숙자_ 한국수필과 현대문학 천료. 한국문인협회, 수필문우회 회원. 펜클럽 이사. 현대문학추천작가회 회원. 수필집 ≪천년 숲≫ 외 5권. 선집 ≪이쁘지도 않은 것이≫ 외1권. 수상 제1회 월간문학동리상 외 다수.

은화(隱花)

멀리서 종소리가 울린다. 뎅뎅 뎅 데엥…. 요즘 시도 때도 없이 내 안에서 울려 퍼지는 종소리로 해서 일손을 놓을 때가 많다. 이 증상은 <위대한 침묵>이라는 영화를 보고 온 후부터 생긴 것이 아닌가 싶다.

언제부턴가 마음이 심한 갈증에 시달리고 있었다. 가뭄에 타들어가는 논바닥 모양 영성의 논이 균열하는 소리가 들렸다. 영혼을 적시는 음악에 깊이 빠져보고 싶고 깊이를 알 수 없다는 묵상의 심연으로 침잠하고도 싶었다. 나는 도대체 어떤 인간인가라는 물음은 오랜 시간, 때로는 순간순간 나를 몰아치는 폭풍이었다.

미련도 후회도 남지 않는다는 황혼의 언덕에서 이 무슨 해괴한 충동인지 가늠이 안 되었다. 기도를 하거나 사람들과 어울려 살아도 마음은 메마름으로 치닫고 있을 즈음, 신문에서 영화에 대한 기사를 보았다.

1084년 설립 이후 세계에서 가장 엄격한 규율로 유명한 카르투지오회 수도사들이 900년 동안 이어오며 살아가는 일상을 찍은 영상이라 했다. 감독은 1984년 침묵으로의 여행을 기획하고 수도원에 촬영의사를 전달했으나 지금은 때가 아니고 때가 되면 연락을 주겠다는 답변을 들은 지 19년을 기다려서야 영화를 찍을 수 있었다고 한다. 허락을 받고도 촬영조건이 까다로웠다. 일테면 혼자서 찍고 작업할 것, 수도원에서 수도사들과 함께 생활하며 인위적인 어떤 조명이나 음악도 쓰지 않아야 한다고 못을 박았다.

긴 여운 끝으로 눈 덮인 알프스 계곡의 십자가 종탑이 다가온다. 종소리를 따라 화면이 열리면 문틈으로 흘러드는 빛이 절제된 구도의 실내를 비추면서 기도하는 수도사의 옆얼굴을 드러낸다. 이 모습은 영화 내내 간주곡처럼 수시로 나왔다. 눈 덮인 알프스의 고즈넉한 고요가 평화롭게 수도원을 감싼다.

화면에는 "주님께서 이끄셨기에 제가 이곳에 있나이다." 하는 자막이 지나간다. 소단원이 끝나고 새로운 단원이 시작될 때마다 "자신의 모든 것을 포기하지 않는 자는 나의 진정한 제자가 될 수 없다."라는 두 문장이 번갈아 가며 주의를 환기시킨다.

수도사들은 삶이 기도다. 먹는 일도 종 치는 일도 고양이에게 밥을 주는 일도 모두 기도다. 식사도 대축일에만 큰 식당에서 함께하고 매일은 각자의 독방에서 한다. 식사당번 수사가 바퀴달린 손수레에 식사를 싣고 와서 칸칸마다 손바닥만한 문을 갈고리로 열고 식사를 넣는다. 이건 영락없는 죄수다. 최소한의 식단으로 죽지 않을 만큼만 먹는다. 땅바닥에 끌리는 무거운 수도복과 두건을 쓰고 이층 삼층으로 오르내리며 세탁하고 장작 쪼개고 종 치고 기도하고 머리를 깎는 일상, 그들에게는 침묵이 생활이다. 수시로 혼자 기도하고 모여서 성무일도를 바치고 그레고리안 성가로 찬미 드리는 삶이다.

거반 세 시간 가까이 영화에 빠져서 나는 수도사들에게 묻고 또 묻고 있었다. 왜, 무엇 때문에 모든 것을 포기하고 감방 같은 그곳에 사느냐고. 저 넓은 세상이 보이지 않느냐고, 본능을 포기하고 자아를 내던지고 가족과 세상으로부터의 유대를 끊어버리고 궁극적으로 바라는 것이 무엇인가 하고. 그 물음은 영화가 끝날 때까지 화면을 향하여 이어졌다. 그런데 이상한 일은 집으로 돌아온 후부터 그 물음들이 나를 향해 꽂혀오는 것이었다.

나는 그런 분들을 또 알고 있다. 알프스가 아니라 우리나라 곳곳에서 세상과 격리되어 스스로 유폐시키고 사는 분들이다. 바로 가르멜회 수도사들이다. 이분들은 엄율의 수도회로서 수녀들의 경우 살아서 들어가면 죽어서나 그 문을 나올 수 있는 봉쇄수녀원이다. 담이 높다. 수도원의 특징이라면 일반인들이 들어가는 곳에서 수녀들이 사는 곳으로 들어가려면 이중 삼중의 문을 통과하고도 철망을 앞에 두고 만나야 하는 것이다. 비록 자기의 부모를 만난다 해도 엄한 경계를 지켜야 한다.

한 달에 한 번 그분들을 보면서 알 수 없는 신비감을 느꼈다. 그분들은 철저히 잊혀지기를 바란다. 세상에서 잊혀지면 잊혀질수록 단 한 분 님에게만 보이는 꽃이 될 수 있기에 스스로 자청해서 철망 안에 갇히는 것이다.

세상의 잣대로는 해답이 없다. 누가 알아주기를 바라고 더 많이 가지고 있는 것, 아는 것을 드러내고 싶고 인정받고 싶은 것이 보통사람들의 보편적인 욕망일진대 어찌하여 그분들은 숨고 아주 숨어 無가 되기를 원하는 것일까, 더구나 내면적으로 완전히 자기를 버리는 삶이 가능하기나 하겠는가.

재속회원으로 수도원의 울타리를 맴돌면서 십년 세월을 축낸 나는 그것이 늘 궁금하고 한편 답답했다. 음식을 절제하고 오관을 절제하고 최소한 생명을 연장할 수 있는 한도로 살아가는 식물 같은 사람들.

그런 나에게 <위대한 침묵>의 수도사들이 답을 준다. “주님께서 이끄셨기에 제가 이곳에 있나이다.” 그 곳이 알프스의 수도원이건 서울 복판이건 시장통이건 지금 내가 있는 여기는 바로 님이 나를 선택하여 부르신 곳이라는 확고한 결론을 얻는다. 내가 있고 싶어서 있는 것이 아니라 당신께서 보내셨기에 여기 있으니 여기 사는 것도 당신이 책임지고 이끌어주실 것이라는 믿음. 그리고 사랑, 얼마나 아름다운 신탁인가. 나를 목마르게 하는 것은 바로 이 신탁의 문제가 아닐까 싶다. 온전히 맡기지 않으면 온전히 얻을 수 없는….

그분들은 은화였다. 알프스 골짜기에 숨어 피는 꽃들, 세계 곳곳 한국 땅 곳곳에 숨어서 피는 꽃들, 때로는 사하라의 사막으로 숨어들어 은수자가 되어 사는 꽃들, 그래서 영성 깊은 수도자들은 이분들을 일러 가톨릭의 심장이라 하는 것일 게다.

그 꽃들은 사람을 위해 피는 꽃이 아니다. 깊이깊이 숨어서 단 한 분, 님의 눈길이 닿기만을 바라서 기도의 옷으로 영혼을 단장하고 침묵으로 피는 꽃이다. 눈물겨운 수도의 정점에 맞이하는 님과의 합일을 체험하는 순간 죽어도 좋을 천국의 기쁨을 느끼는 것이 아닌지. 지금도 종소리 여전하고 청빈의 삶 여전하고 그렇게 숨어 숨어 은화는 피고 질 것이다. 아무도 모르게.

꽃차를 우리며

아침 햇살이 거실 깊숙이 들어온다. 햇살 덕분인지 게발선인장이 느린 몸짓으로 꽃봉오리를 부풀리고 있다. 이 화초는 여름내 게발게발 잎만 키우다가 겨울이 깊어서야 잎새 끝에 바늘구멍만한 상처를 내고 개화를 시작한다. 붉은 기미뿐인 잎만 바라보고 있으면 그 느린 행보 때문에 답답증이 생긴다. 그러기를 이십여 일, 상처는 봉오리가 되어 제법 봉싯하다.

기다림이 지루한 날 꽃차를 우린다. 말간 유리 다관에 마른 꽃잎 대여섯 송이를 넣고 뜨거운 물을 붓는다. 꽃잎은 뜨거운 물세례를 받고 한동안 혼절한다. 후줄근하다 못해 남루하다. 그 쇠락이 민망하여 장사익의 <찔레꽃>을 듣는다.

햇살은 주춤주춤 기어 나와 마지막 손길인 듯 봉오리 부푸는 게발선인장을 쓰다듬고 추녀 밑으로 올려 붙다가 뜰 앞에 나목으로 선 호두나무를 탄다.

사람들이 차를 마시는 이유로 눈으로 즐기는 맛을 최우선으로 꼽는다. 이어 코끝을 간질이는 향기를 탐하고 마지막에 혀끝에 감도는 깊은 맛을 즐긴다지만 내가 꽃차를 우리는 것은 혼자 놀기 위해서다.

점점 밖으로 나도는 일이 편치 않다. 바쁘게 사는 젊은 사람들 만나면 시간 빼앗는 것 같고 동기간들은 멀리 살아서 만나기 어렵다. 만만한 게 친구인데 친구들은 물리치료실에 가서 누워 살고 아프다고 하니 찾아가기도 미안하다. 강의가 있는 날을 빼고는 집안에서 지내는 일이 많다. 전 같으면 책을 들고 있으면 하루가 언제 지나가는지 몰랐지만 지금은 십여 쪽을 읽고 나면 눈이 아프다. 좋아하는 연극이나 영화나들이가 뜸해지니 자연 소일하는 농장 출근이 제격인데 아직은 겨울이다. 적적한 날이면 나는 소꿉놀이를 시작한다.

햇살이 포근하게 비쳐드는 거실에서 달그락 달그락 다기를 꺼낸다. 자주 마시는 보이차를 우릴 때는 앙증맞은 자사호를 내고 우롱차를 마실 때는 음전한 백자 다관을 쓴다. 그러나 꽃차를 우릴 때는 유리다관이 제격이다. 배시시 피어나는 꽃잎을 볼 양이면 투명한 유리다관을 빼놓을 수 없다. 성정이 급하고 조신하지 못한 내가 다탁 앞에서만은 요조숙녀가 되는 이유가 바로 차의 고요한 마음이 이심전심으로 전해지기 때문이 아닌가 싶기도 하다.

오늘은 남편의 외출로 한가로워진 겨울 오전, 나는 아예 차살림을 제대로 해 볼 요량이다. 그도 그럴 것이 내가 차칙과 차호, 탕관을, 숙우와 다관을 늘어놓으면 우리 집 남편은 꼭 한마디 소금을 뿌린다.

"뭐 하는 거여? 칠십 노인네가 소꿉놀이 하나 벼, 흥."

하며 콧방귀를 뀐다. 그는 커피 마니아다. 간단하고 과학적이고 지적인 차가 커피라며 평생 마신 커피가 백두산 천지 물 만큼 될 것이라고 큰소리다. 이럴 때 나는 이외수님의 하악하악을 빌려 쓰고 싶은 마음 간절하다.

밖에는 간간이 바람이 분다. 먼 도로에는 차량들만 오갈 뿐 사람은 없다. 지금 장사익은 "찔레꽃처럼 춤췄지, 찔레꽃처럼 노래했지, 당신은 찔레꽃 찔레꽃처럼 울었지." 애절하게 넘어가고 있다.

그 사이 유리다관에는 화면이 바뀌었다. 노란빛 봄이 와 있다. 화사하다. 꽃잎들이 모두 아래를 내려다보고 제 본새로 활짝 피어난다. 하염없이 바라본다. 어찌 이리 고운가. 살아서 한세상 죽어서 또 한 세상, 요술 같다. 중국 오대산 자락에서 피어 살던 꽃이 죽어 환생하여 여기 한국 땅에서 또 피어난다. 세상 만물이 인연법에 따라 윤회하며 몇 천

겁을 태어나고 사라짐을 거듭한다더니 이 꽃송이가 나에게 그것을 설법하려나 보다.

다관을 치켜 올려 본다. 금련화 꽃송이가 수면 아래로 꽃잎을 열고 웃는다. 다관을 흔들어 보면 출렁이는 노란색에 취해 현기증이 날 것 같다. 벌써 봄 멀미가 나는가. 향기도 잊고 맛도 잊고 바라만 본다. 현기증 같은 묵은 그리움이 꽃잎처럼 피어오른다. 장사익이 하얀 찔레꽃을 보고 그 향기가 너무 슬퍼 울었다고 목을 꺾는데 죽었다가 살아나는 꽃잎이 대견해서 속이 아리다. 손이 닿으면 바스러질 것 같은 마른 꽃송이를 차칙으로 퍼내 다관에 넣을 때 내 손은 미세하게 떨렸다. 어떤 주검 앞에 있는 것 같은, 거기다가 섭씨 백도의 물을 부우며 스스로 잔인하다 생각했다. 두 번 죽는 참담함…. 그러나 꽃은 미움도 원망도 없이 환하게 새로 피어 웃으니 바로 보살이다. 정말 우리 삶의 여정밖에도 이런 세상이 존재하는 걸까.

혼자 놀기가 오붓하다. 마음 눈 떠 있으면 천지만물이 보살이다. 느린 걸음으로 피어오르는 게발선인장도 보살이오, 멀리 중국 여행 중에 벗을 위해 꽃차를 사온 문우도 보살이다. 나는 햇빛 보살, 노래 보살, 꽃 보살과 더불어 덧없다는 한생을 순례하는 열락에 취한다. 혼자 놀기 칠십여 년 만에 눈뜨는 각성이다. 고요한 마음호수에 두 손을 합장한다.

바람에 대하여

사이좋은 오누이모양 지내는 노부부가 한바탕 전쟁을 했다. 고집만 세어지는 노인들에게는 상대편을 배려하는 일말의 이해심이 부족하다. 자식들 김장을 해 주자는 안노인의 의견에 반대 깃발을 든 남편노인은 기세등등하게 소리를 질렀다. 타협이 없다. 이런 것을 기상예보에서는 폭풍이라 하는 모양이다.

사실 바람이 부는 큰 원인으로는 두 지역 간의 기압 차에서 기인한다. 기압차가 클수록 바람은 강하게 분다. 겨울철에 바람이 세게 부는 이유는 강한 시베리아 고기압이 확장할 때 동해상에 있는 저기압과 기압 차가 크게 생기기 때문이라는 글을 본 일이 있다.

햇빛 좋은 날 빨래를 해서 빨랫줄에 가지런히 널고 마루에 앉아 책을 읽으면 왜 그렇게 마음이 한가롭던지. 바지랑대로 받쳐놓은 빨랫줄에서 옷가지가 살랑살랑 흔들리는 모습은 그대로 한 폭의 서정 넘치는 그림이었다.

어려서는 또래 친구들과 달리기 놀이를 잘했다. 바람개비를 만들어 수수깡에 끼워 바람이 불어오는 쪽을 향해 힘껏 달리면 회전하는 바람개비의 날개가 나중에는 하나의 점으로 보였다. 늦추고 달리기를 계속하다보면 내가 바로 바람개비가 된 느낌이 들었다.

그때부터 바람의 정체가 궁금했다. 어떻게 하면 바람을 만들 수 있을까 해서 사랑방 쇠죽솥에 왕겨를 때는 일꾼아저씨의 풍구 돌리는 손을 자주 훼방 놓았다. 그러다가 바람 나오는 풍구에 손을 넣는 바람에 다친 일이 있다.

봄이 오면 기승을 부리는 바람은 감수성 예민한 소녀를 가만 두지 않았다. 들판으로 내몰기도 하고 초죽음을 만들기도 하였다. 그것은 강풍이었다. 바람은 두 지역 간의 기압차가 클수록 강하게 불듯이 소녀의 방황은 이상과 현실의 괴리에서 오는 6·25전쟁 직후의 공황에서 비롯되었다. 그런 시기를 거치면서 바람에게도 여러 유형이 있다는 것을 생활로 체득해 갔다. 그 상황에서 우리 동기들은 사범학교로 진학을 가장 많이 했는데 이것도 하나의 바람이었다. 생존이 어려웠던 때여서 안정된 직업을 선택하게 한 시대적 바람이었다.

그 후 옷에도 바람이 불었다. 바로 유행이다. 치렁한 한복을 입던 여성들의 치마기장이 짧아지기 시작하더니 옷고름을 벗어던지고 양장을 하기 시작했다. 내가 근무하던 시골 초등학교에서는 투피스를 입은 여교사를 보려고 일부러 시골 노인들이 학교로 몰려오기도 했다. 몇 년쯤 지나자 치마기장이 사정없이 위로 올라갔다. 급기야는 미니스커트가 되어 이번에는 경찰까지 동원하여 무릎 위로 오른 치마기장을 자로 재는 넌센스를 연출했다. 더 재미있는 일은 당사자들이다. 다리가 굵은 사람은 미니스커트가 어울리지가 않아도 젊은 여인들에게 불어 닥친 바람을 재울 방도가 없었다.

풍향은 물이 높은 곳에서 낮은 곳으로 흐르는 것과 같이 기압은 높은 곳에서 낮은 곳으로 불어간다. 유행도 유럽 쪽에서 동남아로 불어왔다.

어쨌거나 바람은 묘한 매력을 지녔다. 한 곳에 머물지 않고 끊임없이 이동하고 잠잠했다가 거세지고 소멸했다가 생성된다. 인간의 욕망도 바람과 같다. 양자강 쪽에서 발생하여 북동진하면서 우리나라에 영향을 주는 봄의 기압골처럼 마파람일 때도 있고 마른 나뭇가지를 을러대는 삭풍일 때도 있다.

숱한 바람을 맞으면서 예까지 왔다. 밖의 대기는 항상 바람을 일으킬 수 있는 잠열의 에너지를 갖고 있어 내 안의 우수는 고요의 중심에 무풍지대를 심어놓다가도 급변하기

일쑤다.

미국 서부를 여행할 때였다. 광활한 캘리포니아 평원을 달렸다. 멀리서 다가오는 능선에 그림같이 서 있는 하얀 물체를 보았다. 굽이치는 능선에 따라 세워놓은 물체에는 하얀 바람개비가 붙어 돌고 있었다. 점보 여객기의 날개 쪽에 해당하는 직경 60미터짜리 바람개비가 쉿쉿 소리를 내며 돌아가는 모습은 낯설기도 했지만 호기심을 일으켰다. 내가 처음 본 그것을 일러 풍력발전기라 했다. 바람개비들이 돌면서 전기를 일으켜 환락의 도시 라스베가스를 불덩어리로 만들고 인접해 있는 후버댐에 수력발전기를 돌린다고 했다.

그날 이후 내 안에도 풍력발전기가 있다는 생각을 종종 한다. 동서남북에서 불어오는 샛바람, 하늬바람, 마파람, 높새바람을 온몸으로 맞으며 그 힘으로 글을 쓰고 사람을 사랑하며 세상이라는 강을 건너는 것이라고.

한때는 태풍의 눈이 되기도 했던 나, 이제는 강풍은 힘에 부치니 세상과 온도를 맞추며 고요바람이거나 실바람이거나 남실바람으로 살았으면 한다. 언제나 나를 시퍼렇게 깨어있게 한 것도 사실은 바람의 힘이었거니 내 안의 풍력발전기도 계속 돌아가기를…….

구두

조인종을 눌렀다. 기척이 없다. 한참을 기다리다 다시 눌렀다. 아파트 마당에 저녁 눈 자옥한데 그녀는 이 시각에 어디 간 것일까. 돌아서려다가 손에 든 짐꾸러미가 무거워 현관문을 두드렸다. 작히 3분은 지난 후 현관문이 열렸다. 그 순간 내 눈에는 사람은 보이지 않고 현관에 벗어놓은 남자 구두 한 켤레가 확대되어 들어왔다.

자녀들은 객지에 나가 있고 혼자된 여자가 사는 집에 웬 남자 구두일까, 그녀는 어리둥절한 내 표정에 당황하며 손을 잡았다. 그렇다고 물어볼 수도 없는 프라이버시, 별 말없이 가지고 간 과일을 내려놓고 서둘러 돌아섰다.

아파트 승강기를 타고서도, 골목길만 찾아 걸으면서도 왜 그녀는 사람을 밖에 세워두고 서둘러 문을 따주지 않았을까, 그 생각만 하다가 고개를 세차게 흔들었다.

남편을 먼저 저 세상으로 보낸 아내들은 얼마 동안은 산

목숨이 아니다. 그래서 미망인이라는 이름도 생겼을 테지만 상실감에 실성하다시피 죽음 버금가는 고통을 겪는다. 그녀 역시 힘들어했다.

그들은 누가 보아도 천생연분으로 일관한 부부였다. 약국을 경영하기에 하루 종일 함께 보내며 가족이자 동업자로 금슬 또한 유달랐다. 바쁜 생활 중에도 새벽이면 라켓을 메고 정구를 치러가고 산에 오를 때나 조깅을 할 때도 함께여서 시골 읍내에 시샘과 부러움의 대상이기도 했다. 그래서 이웃들은 남편을 먼저 보내고 그녀가 살 수 있을까 염려하는 사람도 있었다.

세상이 많이 변해서 항간에 나도는 소문은 재산 벌어놓고 50대에 남편이 먼저 세상을 뜨면 횡재라는 역설도 나돌지만 그들과는 먼 이야기다. 쓸데없이 이상한 쪽으로 기울어 가는 생각을 지우려고 할수록 반대급부로 부풀어 가는 상상은 괴이쩍기만 했다. 친정 동생이 왔을지도 모르고 한편 설령 외간 남자의 구두가 있다 해도 수도가 고장 났다거나 냉장고에 이상이 생겨 수리공을 불렀을지도 모르지 않는가.

동기간같이 지내던 약사님이 떠난 뒤로 비가 오거나 추운 날에는 버릇처럼 그녀 생각이 났다. 약한 몸 아프지나 않는지, 식사는 제때에 하는지, 이런저런 생각에 뒤채는 밤이면 어김없이 약사님과 한 약속이 되살아나는 것이다. 그토록 고통스럽다는 간암 말기에도 얼굴에 미소가 떠나지 않던 환자에게 두고 떠나는 그녀를 잘 돌보아주겠노라 스스로 약속하지 않았던가. 무엇으로 어떻게 돌보아주었는가 뉘우치며 날이 새면 달려갔다.

어떤 날에는 멀리 약사님의 산소가 바라보이는 창가에서 하루 종일 서성이고 하루의 대부분을 기도로 채우며 산다는 그녀는 어느 정도 안정을 찾아가는 모습이었다.

그 사이 계절이 바뀌었다. 눈보라치던 들녘에 햇살이 몽글몽글 피어오르고 겨우내 곰삭은 김치처럼 그녀의 슬픔도 발효를 끝내가는 눈치였다. 세월이 약이라 하지 않던가. 나는 내심 잘 견뎌준 그녀가 고마웠다. 49제를 지내고 나의 해망한 분심도 잠잠할 즈음 저녁 어스름에 다시 그녀의 집을 찾았다. 먼젓번과 같이 초인종을 눌렀다. 여전히 기척이 없다. 굳게 잠긴 현관문의 요상한 적막이 또 가슴을 찍어누르는 것 같아 돌아서 층계를 내려섰다. 그때 황급히 문 여는 소리가 들렸다.

"형니임…."

그녀는 신도 신지 않고 달려 나와 나를 끌어안았다. 어깨가 사정없이 출렁였다. 숨죽인 오열이 아득히 깊은 나락으로 추락하고 있었다. 어둠이 아파트 창에 스며들 때면 미칠

듯 그가 보고 싶어 그의 손길, 그의 목소리, 그의 체취가 그리워 영정을 끌어안고 몸부림친다고 했다. 그의 몸은 떠났지만 자기는 남편을 보내지 않았다고 했다. 울다가 아이들의 목소리가 전화선을 타고 오면 일부러 목청을 높여서 잘 지낸다 해놓고 외로움도 그리움도 혼자서 다스려보나 잘 안되니 어떻게 하면 좋으냐는 것이다. 환갑까지만 일해서 아이들 뒷바라지 끝나면 둘이서 여행하며 즐겁게 살자 하더니 환갑 해에 혼자서만 영원한 여행을 떠나는 게 될 말이냐고 목 놓아 울었다.

그날 돌아서 나오다 현관에 요지부동인 구두를 다시 보았다. 남편의 부재를 인정하고 싶지 않아서 남편의 구두를 현관에 놓아두고 사는 여인의 마음이 돌아오지 않는 메아리가 되어 아리게 했다.

사람들은 자기 잣대로 남도 잰다. 또한 쉽게 속단하고 오해한다. 이 오해 때문에 얼마나 많은 사람들이 상처받고 뜬소문으로 시달리는가. 8층에서 1층까지 일부러 걸어내려오는 내 뒤통수가 판단하지 마라, 판단하지 마라하며 불에 덴 듯 얼얼하였다.

염정임

- 빈사의 나비
- 아리랑이 흐르는 江
- 피아노

염정임_ 수필공원(현 에세이문학) 1986과 현대문학 1987을 통해 등단. 에세이스트 상 1988년, 현대수필문학상 1993년, 펜문학상 2009년에 받음. 수필집 ≪미움으로 흘리는 눈물은 없다≫ 1992년, ≪유년의 마을≫ 1999년, 수필선집 ≪회전문≫ ≪작은 상자, 큰 상자≫. 한국수필문학진흥회 기획위원, 수필문우회 회원. 한국문인협회, 한국여성문학인회와 국제펜클럽 한국지부 이사.

빈사의 나비

단풍철이 끝나가는 산에는 이미 적막한 기운이 서서히 감돌고 있었다. 잎들은 시나브로 떨어지며 흙으로 돌아가고 있다. 화려한 색채로 마지막 생명의 환희를 불태우던 나무들은 묵언의 겨울을 준비하며 한 잎 두 잎 장식들을 버리고 있는 것이리라. 떨어진 잎들은 켜켜이 쌓여 가며 제 몸을 버려 길섶은 푹신하게 만들고 있다. 가을과 겨울의 사이-모든 것이 근원으로 돌아가고 있는 계절이다.

산길을 오르는데 연노랑 날개를 한 작은 나비들이 유난히 많이 날아다닌다. 나무계단을 한 발짝씩 디디며 매봉을 향해 오르는데, 내 눈 앞에 팔랑 팔랑 날던 나비 한 마리가 땅을 향해 날갯짓을 하며 내려온다. 그리고 꽃잎이 떨어지듯 계단에 사뿐히 내려앉는다. 그는 날개를 쉴 새 없이 파닥인다. 우표만한 날개를 온 힘을 다해서 파닥인다. 마치 무대위의 발레리나가 빈사의 백조를 연기하며 쉴 새 없이 날갯짓을 하듯이… 한참 날개를 파닥이던 나비는 이윽고 조용히 날개를 접고 꼼짝을 안한다. 아마 생명이 다한 것 같았다.

2007년, 11월 24일 오후 4시 12분, 나무들 사이로 멀리 산마루의 해가 이울기 시작하고 있었다. 청계산 매봉으로 향하는 나무 계단에서 한 이름 없는 미물이 열반에 들고 있다. 주위는 순간적으로 고요가 찾아 왔다. 나는 생각지도 않게 한 생명의 최우 순간을 임종하였다.

안타까운 날갯짓은 생에 대한 애착이었을까? 이 세상에 대한 간절한 작별의 인사였을까? 그는 꽃잎같이 가냘픈 날개를 고이 접고 앉아서 영원한 잠 속으로 들었다. 마치 앉은 채로 열반에 들었다는 어느 스님처럼… 아니, 첫날밤 신랑을 기다리는 신부처럼 조신하게 고요히 앉아 있다. 이제 얼마 안 있어 연기처럼 가벼운 그의 육신은 바람에 날려 흙 위에 떨어져 흙으로 돌아갈 것이다.

어느 봄날, 흉물스러운 애벌레에서 자신도 모르게 화려한 날개를 달고 태어난 그는 제 몸이 얼마나 아름다운지도 모르는 채 춤추며 이 숲을 누볐으리라. 그토록 가벼운 영혼으로 비상과 자유의 은유로써 이 산에서 제일 먼저 이슬을 먹고 쉼 없이 바람을 타고 창공을 날았을 것이다.

어제 새벽에 가을 날씨답지 않게 천둥 번개가 치고 소나기가 쏟아져 내리더니, 그래서 나는 선잠을 깨고 다시는 잠들지 못하였는데, 오늘 그를 보내려 그토록 날씨가 궂었나 보다. 한 생명이 떠나고 하나의 세계가 닫히는 데 어찌 하늘인들 무심할 수가 있으랴. 큰 우주적인 관점에서 본다면 한 사람의 생명이나, 한 마리 나비의 생명이 무엇이 다를 것인가. 이제 약속된 시간을 다 보내고 생성과 소멸의 질서에 순응하며 그는 날개를 접었다.

미물이건 사람이건 이 세상에 생명을 얻어 태어났으면 언젠가는 그 생명을 돌려주어야 할 것은 자명의 이치이다. 그의 생애는 아무 고통의 흔적도 없이 조용히 마무리를 하며 떠나고 있다. 인간들은 삶을 연장하기 위해 온갖 의료 장비를 다 동원하지만 그는 홀연히 단정한 자세로 죽음을 맞고 있다.

그동안의 그의 삶이, 장자(莊子)가 꾼 꿈이었다면, 그는 이제 그 환(幻)에서 벗어나 진정한 내세의 삶을 향해 떠나갔을 터이다. 그 불가해한 신비의 세계. 육신을 가지고는 들어갈 수 없는 세계로… 그 세계는 현상계와는 다른 차원의 세계이며, 시간이라는 한계를 초월한 영원의 세계일 것이다.

애벌레가 나비로 우화등선(羽化登仙)하듯이, 육신을 떠난 우리의 영혼은 연기의 형태이거나, 가상현실 화면에서 보듯이 푸르게 빛나는 투명한 점들로 이루어진 형체로 변화되어 천상으로 옮겨지는 것이 아닐까?

깜깜한 밤에 쏘아 올리는 레이저 빛처럼 혹은 밤하늘을 화려하게 수놓고 사라지는 불꽃처럼 우리의 혼은 가뭇없이 먼 곳으로 사라져 가리라. 그곳은 모든 소통이 가능한 조화와 평화로움만 있는 곳일 것이다.

우리들은 왜 죽음을 두려워하는가? 가끔 불치의 병에 걸린 어린아이들이 죽음을 앞에 두고 의외로 담담한 모습을 보이는 것을 볼 수 있다. 그들은 어린아이다운 무구(無垢)한 상상력으로 죽음 이후의 세계를 그리고 있는 것이다.

죽음이란 아득히 먼 곳에 있는 것이 아니고 발짝을 따라, 내 시선이 머무는 어디에나 있는 것. 그리고 삶과 죽음의 경계는 순간적인 것을… 오늘 내가 본 죽음은 참으로 고요하고, 아름다운 것이었다.

나는 다시 산을 향하여 발길을 옮긴다.

아리랑이 흐르는 江

"첩첩산중에 숨어 있는 보석…." 정선을 다녀오며 떠오른 구절이었다. 아우라지강의 슬픈 전설과 정선아리랑의 구성진 가락이 흐르는 곳. 한 고개를 넘으면 또 한 고개가 솟아 있는 백두대간의 한 자락이었다. 아슬아슬한 절벽을 따라 올라가며 아래를 바라보면 저 멀리 비췻빛 강물이 비단자락처럼 펼쳐져 있었다.

아리랑은 우리 민족의 혼이 담겨 있는 노래다. 세계 어느 곳에서도 우리나라를 상징하는 노래는 아리랑일 것이다. 현재 약 육십 종류에 삼천 육백여 수의 아리랑이 전래되고 있다고 한다. 언제, 어디서, 어떻게 생겼는지도 모르고 그 기원도 학설이 구구해서 신비에 싸여 있다. 정선아리랑의 기원은 육백년 전 조선 초기로 알려져 있다.

고려 말 이성계의 위화도 회군으로 고려 왕조가 멸망하면서 일곱 명의 유신이 정선 거칠현동에 숨어 살았다고 한다.

일생 동안 충절을 지키고, 고향을 그리워하며 고난의 삶을 살던 그들이 그 한을 노래한 게 아리랑의 시원이라고 한다. "누가 나의 마음을 알리오"에서 알리-아리-아리랑으로 변했다고 한다.

여러가지 설이 있겠지만 정선아리랑을 연구하는 분들은 우리나라 각 지방에 흩어져 내려오는 아리랑의 원류가 정선아리랑이라고 보고 있다. 1865년 대원군이 경복궁을 중수할 때 정선 지방의 궁궐목을 뗏목으로 엮어 남한강을 통해서 내려 보내면 마포나루에서 받아 궁궐을 지었다고 한다. 그 나무꾼들을 통해 정선아라리를 배운 각 지방에서 온 대목들이 경복궁 재건이 끝난 뒤 자기 고장으로 돌아가면서 아리랑을 전파했다는 것이다.

산을 넘고 강물을 따라 아리랑은 흘러서, 밀양에서는 억울하게 죽은 아랑의 넋을 기리며 밀양아리랑이 되었고, 진도에서는 맺어지지 못한 처녀 총각의 전설을 사설로 하여 진도아리랑이 되었다. 그밖에도 대구 원산 경기 등 각 지방의 이름을 단 아리랑이 널리 불리게 되었다.

아리랑에는 이 땅의 이름 없는 백성들의 기쁨과 슬픔, 고통과 억울한 심정이 녹아 있다. 때로는 억압받는 여성의 한이 되기도 하고, 돌아오지 않는 님에 대한 애틋한 사랑도 담겨 있다. 그 가사에는 고난을 승화시키는 해학과 풍자가 있고, 그 가락은 우리 민족 특유의 리듬과 낙천성이 깔려 있다.

1926년에 나운규는 <아리랑>이라는 영화를 통해 식민 시대의 민족의 울분을 영상화하기도 했다.

아우라지강에는 강 양쪽에 살던 두 남녀가 홍수 때문에 만나지 못하고 헤어진 슬픈 전설이 내려오고 있다. 강가에 닿으니 강 밑이 환히 보이고 둥글고 하얀 조약돌들이 이마를 맞대고 도란도란 모여 있었다. 뱃사공은 노 없이 쇳줄을 밀면서 나룻배를 저어갔다. 강물에 손을 담가 보았다. 손가락 사이로 빠져나가는 물은 서늘하면서도 육친의 살이 닿은 듯 부드럽기만 했다. 강가는 아무것도 꾸미지 않은 시골 아낙처럼 수수한 변두리의 풍경을 보여주고 있었다.

아우라지 뱃사공아 배 좀 건네주게
싸릿골 올동박이 다 떨어진다
아리랑 아리랑 아라리요
아리랑 고개로 나를 넘겨주게

예부터 강은 우리 민족의 삶과 함께 해 왔다. 먼지바람 속을 살아오던 우리의 조상들은 강물에다 모든 시름을 풀어내고 위안을 받곤 했다. 그래서 강은 민족 정서의 젖줄기다.

매화 꽃송이가 흩어진 섬진강을 생각만 해도 샘물 같은 설렘이 솟아난다. 미루나무들이 줄지어 서 있는 강둑의 풍경은 우리들 마음의 고향이기도 하다. 강가에는 모래언덕이 있어야 하고 키 작은 들풀들이 어깨를 맞대고 흔들려야 한다. 어름치 버들치 같은 작은 물고기들이 오가고, 여름에는 아이들이 얼굴이 새카매지도록 햇볕 아래서 물장구를 칠 수 있어야 한다.

경제를 위해서 물길을 바꾸고 시멘트로 강둑을 쌓아 대운하를 만들겠다고 한다. 천금을 주고도 못 살 귀한 우리의 강산을 경제 논리 위주로 개발하려는 것이다. 자신의 영혼을 팔아 젊음을 얻으려 했던 파우스트 박사처럼 우리도 순결한 국토를 짓밟으면서까지 돈이란 우상을 섬기는 게 아닐까?

피아노

피아노는 나에게 항상 설렘과 함께 두려움을 주었다. 무대 위에 조명을 받고 있는 그 악기는 왕자처럼 도도하고 고귀해 보인다. 윤이 나는 검은 빛의 피아노는 주위의 분위기를 압도한다. 마치 마술사의 검은 망토처럼 피아노의 곡선은 신비스러워 보이기도 한다. 1959년에 비디오 아티스트 백남준은 독일에서 피아노를 부수는 해프닝을 실연하여 세상을 놀라게 했다. 그는 왜 피아노를 때려 부쉈을까? 혹시 피아노가 주는 권위적인 이미지와 흰 건반이 주는 숨막힐 듯한 질서감을 못 견뎌서가 아니었을까?

어린 시절 골목길에서 들려오던 <엘리제를 위하여>는 나에게 한없는 갈망과 동경을 불러 일으켰다. 나는 어머니에게 피아노를 배우게 해달라고 졸랐다. 전쟁 후의 어수선한 분위기였지만 어머니는 나의 청을 들어 주셨다. 그래서 서울에서 피난 내려온 선생님한테 가서 피아노를 배우게 되었다. 피아노를 배우러 가는 길은 언제나 즐거웠다. 피아노 책이 무거워 또래의 사촌오빠가 책을 들고 앞장섰던 추억도 있다. 집에 피아노가 없어서 마분지로 건반을 만들어 붙이고 손가락 연습을 했다.

중학교에 들어간 후 교내 피아노 콩쿨에 나가게 되었다. 떨리는 마음으로 무대에 올라가니 강당을 가득 채운 학생들의 시선이 일제히 나를 향하고 있었다. 나는 정신이 아뜩해졌다. 피아노 앞에 앉으니까 마치 피아노 건반을 처음 본 것처럼 낯설어지는 것이었다. 그리고 극히 초보적인 쉬운 곡이었지만 그 곡이 하나도 생각이 안 났다. 나는 지정곡의 절반도 못치고 도망치듯 내려오고 말았다. 나는 너무나 부끄러워 친구들을 쳐다볼 수도 없었다. 그 후 나는 피아노로부터 점점 멀어져 갔다.

올해는 쇼팽과 슈만이 탄생한 지 200년이 되는 해라, 그들의 피아노곡들이 자주 연주되고 있고 FM에서도 특집으로 다루고 있다. 이번에 처음으로 클라라 슈만이 작곡한 곡도 들을 수가 있었다.

슈만은 독일에서 태어나 스승인 뷕 교수의 딸인 클라라와 결혼하기 위해, 반대하는 스승과 법정 싸움까지 해야 했고, 나중에는 신경쇠약으로 라인 강에 투신해서 자살을 기도한다. 쇼팽은 폴란드에서 태어나 프랑스에 와서 살면서 향수병에 시달렸고 연상인 죠르주 상드와 사랑했지만 폐결핵으로 39세에 세상을 떠난다. 그는 피아노 작곡을 위해 태어난 사람처럼 화려하면서도 율동적인 피아노 음악을 많이 작곡했다. 반면에 문학에 심취한 슈만의 음악은 보다 내향적이며, 음영이 짙고 여운이 느껴진다.

둘 다 선병질적이고 섬세한 영혼을 가졌기에 그들의 삶이 고통스러웠지만 음악은 너무나 영롱하여 지금의 우리들에게 희열을 준다. 동갑내기인 두 사람은 생전에도 교분이 있어, 슈만은 자기가 발간하는 음악 잡지에 쇼팽을 소개했다고 한다. 흔히 예술가들의 삶이 고통스러울수록 그들의 작품은 우리를 더욱 더 감동시키니, 예술가들은 고통의 운명을 타고난 사람들인 것 같다.

음악은 우리의 귀에 닿는 순간 사라진다. 멜로디가 우리의 귀에 닿는 순간 뇌로 전달되어 울림으로 다가오는 것은 과학적으로 어떻게 설명이 될까? 좋은 음악을 들으면서 느끼는 행복감은 누군가를 사랑하고 있을 때에 느끼는 감정과 비슷한 것 같다. 나의 영혼이 고양되고 나의 존재가 비현실적인 먼 세계까지 확대되는 느낌…. 그것은 행복한 도취의 세계이기도 하다. 흔히들 언어가 끝나는 곳에서 음악은 시작된다고 한다.

바이올린이나 플루트 같은 악기들은 연주자가 매일 손에

듣고 연습하니 익숙해서 연주할 때에도 그대로 손에 익을 것이다. 그러나 피아노는 다르다. 집에서 몇십 년 동안 연습하던 악기가 아닌 그 무대에 놓인 피아노를 연주해야 하는 것이다. 그래서 호로빗츠나 미켈란젤리 같은 세계적인 연주가는 연주회 때마다 자신의 피아노를 공수해 왔다고 한다.

피아니스트가 무대에서 피아노의 첫 음을 칠 때는 관중들에게까지 그 긴장감이 전달된다. 그는 아마 온 우주에 홀로 서 있는 듯한 절대적인 고독 속에서 연주를 시작할 것이다.

그는 피아노를 압도하기도 하고, 어린아이를 달래듯이 부드럽게, 숨바꼭질하듯 양 손을 번갈아 가며 건반을 누빈다. 88개의 건반은 피아니스트가 건너야 될 강이며, 넘어야 될 산인지도 모른다. 연주란 작곡자가 악보에 감추어 놓은 비밀스러운 기호와 상징들을 살려내는 일이기도 하다. 흰 건반 위를 빠른 템포로 연주하는 피아니스트의 손가락은 마치 밀려오는 파도의 흰 포말 위에서 노니는 물새들의 발놀림 같다.

피아니스트의 손가락이 움직이면서, 폭풍이 불고 뇌성벽력이 울린다. 그러나 어느 순간 빗방울이 똑똑 떨어진다. 달빛이 흐르고 미풍에 나뭇잎이 흔들리고, 청중들을 안개 낀 숲속으로 이끈다. 그는 격정에 못 이기며, 슬픔을 호소하기도 하고, 가슴 벅찬 사랑의 기쁨을 노래하기도 한다. 피아노 연주는 사랑하는 사람에게 바치는 헌정이기도 하다.

뉴질랜드의 여성 감독 잰 캠피온의 영화 <피아노>에서 피아노는 여주인공의 영혼의 동반자이다. 세상을 향해 마음 문을 닫고 사는 말을 못하는 장애를 가진 여주인공은 어린 딸을 데리고, 얼굴도 못본 신랑과 결혼하기 위해서 영국에서 뉴질랜드에 온다. 그녀에게는 피아노만이 존재 이유가 되며 세상과 소통하는 방법이 된다. 결국 남편과의 결혼 생활이 파국에 이르고 그녀는 배를 타고 그곳을 떠나게 된다. 그녀는 피아노를 묶은 끈에 자신의 발을 묶어 피아노와 함께 자신도 바다에 빠진다. 나중에 그녀는 구출되고 영화는 해피엔딩으로 끝난다.

<피아니스트>란 영화에서는 유태인 피아니스트가 나온다. 폭격으로 파괴된 도시에 숨어 살면서 버려진 피아노를 치며 생명을 이어 간다. 어느 날 독일인 장교에게 들켜 죽음의 위험과 맞서게 된다. 그 장교의 청으로 피아노를 치게 되고 그 장교는 그 피아니스트를 살려 준다. 그에게 피아노는 절망 속의 희망이었으며, 생명의 끈이었다.

삶의 황혼에 이른 나에게는 동경이란 낱말은 어울리지 않는다. 그러나 피아노라는 말을 들으면 나는 온 몸의 실핏줄이 살아나는 듯하다. 그것은 미세한 통증 같기도 한 것이다.

피아노는 나에게 무엇일까.

먼 곳에 있는 섬, 건널 수 없는 협곡, 아니, 꿈속의 사랑?

정태원

(디카수필 1, 2, 3, 4)

- 경복궁에서
- 아버지
- 마량리의 춤추는 인형
- 꿈꾸던 아름다운 밤

정태원_ 현대문학 등단, 부모교육전문가, 대표작 〈그 해 여름 봉숭아 꽃물은〉-중학교 1학년 국어 교과서 게재 작품. 청주 MBC 라디오 여성시대 〈아름다운 가정〉 7년 방송. 저서 ≪행복예감≫ ≪부모의 생각이 아이의 운명을 만든다≫

경복궁에서

마음이 공연히 스산해질 때면 고궁을 찾는다.

선인들이 치열하게 살다 간 삶의 터전을 하염없이 거닐다 보면 정신이 맑아진다. 내 생 어디쯤이었던가, 낯익은 곳을 발견할 때도 있어서 타임머신을 타고 환상여행을 즐기기도 한다.

그 날은 마침 경복궁 근정전에서 조선 4번째 임금, 세종대왕 즉위식 재현 행사가 있는 날이다. 350여 명의 인원이 동원되고, 복식과 의식 순서를 태종실록 사료를 바탕으로 재구성한다는 것이다. 서울시는 세종임금 배역과 중심인물을 시민공모를 통해 선발했다.

근정문 앞은 아직 이른 시간인데도 인산인해를 이루고 있었다. 조선시대의 복장을 한 수문장들이 근엄하게 서서 그 옛날의 홍취를 돋운다. 세종은 조선시대 500년 역사 속에서 가장 빛나는 임금이다. 훈민정음을 창제하고 측우기를 비롯한 과학기구를 만들었으며, 6진을 개척하여 영토를 확장했던 정치, 경제, 문화면에서 실로 조선의 르네상스를 이루었던 성군이다.

눈부시게 쏟아지는 햇빛(오후 2시에 시작되었다)을 받고 앉아 약 6백여 년 전 세상을 구경하는 재미 또한 특별했다. 만조백관이 근정전 마당으로 다 들어왔을 때 세종은 근정전 뜰로 올라갔다. 순서에 따라 즉위식이 진행되고 임금이 된 세종이 용상에 앉아 신하의 하례를 받는다. 어느 틈에 백성의 한 사람으로 하객이 된 나는 용상에 앉아 계신 세종임금을 우러러 보고 있었다.

구름처럼 몰려와 즉위식을 구경하는 사람들 또한 숙연히 앉아있다.

즉위식이 끝나자 세종임금은 연을 타고 근정전 마당으로 내려왔다. 세종이 내딛는 첫발, 조선의 번영과 행복을 가꾸어갈 임금의 첫걸음이다. 왠지 가슴이 뭉클하다. 역사는 언제나 그렇게 지도자의 첫걸음부터 시작된다.

웅성웅성 행사장을 빠져나가는 사람들을 보면서 나는 문득 꿈에서 깨어난 사람처럼 주위를 둘러보았다.

그들은 다 어디 갔을까.

그때 그 사람들은 다 어디로 갔을까.

소용돌이치던 조선 500년 역사와 그때 그 사람들은 다 어디로 갔단 말인가!

기뻐하고, 슬퍼하고, 애통하고, 분노하고, 미워하고, 저주하고, 가슴 치며 울분을 토하던 선비들은 다 어디로 갔을까.

옥좌에 앉기 위해 피바람을 일으키던 저 무모하고 아귀 같던 왕족과 그 주변 사람들은 다 어디 갔을까.

허공이 되었는가, 바람이 되었는가, 푸르른 나무와 풀이 되었는가, 흙이 되었는가….

어디에도 흔적이 없다.

이렇게 모두 흔적 없이 사라져버리는 것을, 애착하고 애착하며 아등바등 살았었구나.

바람이 내게 말한다.

구름이 내게 말한다.

부귀와 영화가 다 부질없는 한판 꿈이 아닌가.

나 또한 바람 되고, 구름 되고,

한줌 흙이 되어 풀꽃 한 송이 피울 것을.

생을 한바탕 살고 돌아 온 사람처럼 나는 텅 빈 근정전 마당에 망연히 앉아있었다.

아버지

보여줄 수 있는
사랑은 아주 작습니다.
보이지 않는
위대함에
견주어 보면.

*레바논 시인이며 철학자, 화가인 칼릴 지브란이 메리 해스켈과 주고받은 연시의 하나로 <보여줄 수 있는 사랑은 아주 작습니다>이다.

이 짧은 시를 읽을 때마다 시인의 절묘한 표현에 감탄한다.

가슴속에 담고 있는 뜨거운 사랑, 애틋한 그리움, 간절한 소망과 기도, 헌신은 밖으로 다 표현할 수도 읽어낼 수도 없다.

보이지 않는 지극한 사랑을 깨닫게 될 때
사랑하는 이는 이미 우리 곁을 떠나 있을 때가 많다.

비가 부슬부슬 내리는 운악산 등산길에서 만난
현등사 108계단은 올려다보기에도 까마득했다.
화사한 꽃등이 소망을 담은 눈빛으로
환상적인 아름다움을 연출하고 있다.
고즈넉한 산사 주변이 등불을 밝힌 듯 환하다.

등산객 한 사람이 108계단을 오르고 있다.
부처님께 올릴 무슨 간절한 소망이라도 있는 것일까.
가정의 평화, 아내의 건강, 자녀의 행복한 미래…

가장의 뒷모습은 그 모든 짐을 지고 있는 듯 보인다.

일상을 떠나고 싶어 산에 왔으면서도 사찰을 만나자 땀을 뻘뻘 흘리며 계단을 오르는 남자의 모습이 가슴을 찡하게 하게 한다.

오늘도 아내와 아이들은 귀가 후 등산 배낭을 내려놓는 가장을 보고, 무뚝뚝하고 재미없는 남편이요 아버지라고 소원해 할 것이다.

아버지!

갑자기 목이 메인다.

당신의 기도와 헌신으로 오늘의 내가 있다는 것을

나는 까맣게 잊고 살아왔다.

부처님을 뵙고 내려오는 가장의 모습이 멀리서도 활기차고 평온해 보인다.

108계단이 까마득해서 오를 엄두도 못 냈던 사람들이

하나 둘 바위 위에 작은 돌을 얹기 시작한다.

한없이 진지하다.

그대로 엄숙한 기도의 자세다.

평범했던 바위가 순간 신성을 지닌 듯 거룩해 보인다.

마량리의 춤추는 인형

올 초에는 동백꽃이 보고 싶어 안달을 한 것 같다.

2월 중순 서둘러 떠난 선운사 여행에서 꽃망울만 맺힌 동백 숲을 보고 서정주 님의 <선운사 동구>만 읊고 왔다. 올 동백은 나와 인연이 없나보다 서운했다.

며칠 전 마량리 동백꽃이 피기 시작했다는 소식을 듣고 반가워서 달려갔다. 충남 서천군 소재 천연기념물 169호인 마량리 동백나무숲은 푸른바다를 끼고 수령 500년이 넘는 팔십여 그루가 장관을 이루고 있었다. 짙푸른 바다를 바라보고 서서 일제히 피어난 붉은 동백꽃은 바라만 보아도 눈이 시리다. 지난겨울 그 혹독한 추위를 잘 참아낸 기상이 가히 금메달감이라고 꽃구경 나온 촌로들이 한마디씩 한다.

동백정에 오르자 조상 대대로 고기를 잡아 생계를 이어온

어부들이 정월이면 풍어제를 올리는 '풍어제사당'이 보인다. 온 마을 남정네가 나뭇잎 같은 배 하나에 목숨을 걸고 바다로 나갔을 때 아낙네들이 밤낮 없이 달려와 천지신명께 무사귀환을 빌던 곳이기도 하다. 끝내 돌아오지 못한 지아비를 그리다가 망부석이 된 곳이다.

동백숲의 애절한 역사를 다 알고 있다는 듯 바다는 유난히 반짝인다.

동백숲을 내려오자 구성진 육자배기 가락이 발길을 멈추게 한다. 호박엿장수 리어카 카세트에서 흘러나오는 소리다. 웬일인지 엿장수는 보이지 않고 육자배기 가락에 맞춰 흥겹게 춤추고 있는 인형 하나가 엿목판을 지키고 있다.

둥둥 장구를 치고 나긋나긋한 춤사위가 예사롭지 않다. 색동저고리에 다홍치마를 입고 고깔을 쓴 모습이 꼭 무녀 같다. 한 많은 넋들이 핏빛 동백꽃으로 피어나 흐느끼는 마량포구에서 굽이굽이 맺힌 설움을 풀어주고 있는 것일까. 주인이 어디 갔는지 호박엿 하나가 얼마인지 물어봐도 대답이 없다.

나도 엿목판 앞에서 한바탕 춤추고 싶은 유혹을 느낀다.

동백꽃을 닮은 서러운 옛 언니 생각이 났다.

꿈꾸던 아름다운 밤

저녁은 마당 한가운데 멍석을 깔고 앉아 먹었다.

둥근 상에 둘러앉은 식구들, 아버지 어머니 그리고 동생.

여름밤은 어제인 듯 가깝게 떠오르는 그리운 유년의 얼굴이다.

모락모락 피어오르는 모깃불이 정겹다.

열무김치, 감자부침, 호박잎 쌈, 된장찌개, 가지볶음….

푹 퍼진 보리밥을 썩썩 비비면 먹기도 전에 침이 꿀꺽 넘어간다.

밥상을 물리고 나면 어머니는 또 먹을거리를 내오신다. 통통하게 잘 여문 찰옥수수, 꿀맛 같은 개구리참외, 칼을 대기만 해도 쩍 소리를 내며 갈라지는 원두막 수박, 배를 두드리고 앉아 먹고 나서 벌렁 눕는다.

"얘야, 땀띠 날라."

어머니는 까실까실한 삼베 홑이불을 내다가 깔아주신다.

하나둘 꿈꾸는 눈매로 하늘에서는 별이 돋기 시작한다.

"별 하나 나 하나, 별 둘 나 둘, 별 셋 나 셋, 별 넷 나 넷…."

동생과 나는 어느덧 어머니 무릎을 베고 누워 별을 세기 시작한다.

더울까 봐 연방 부채질을 하는 모시적삼 입은 어머니한테서는 동생이 먹는 젖 냄새가 난다.

"틀렸다. 다시 해 봐라."

"별 넷 나 넷, 별 다섯, 나 다섯, 별 여섯 나 여섯…."

"우리 영이 별은 어디 있지?"

"저기 있어요. 저 별은 아버지 별, 저 별은 어머니 별, 저건 애기 별이야."

칠월 칠석이 다가오면 밤마다 은하수에 까마귀와 까치가 놓는다는 오작교를 찾느라 눈이 아프다.

"야, 오작교가 보인다!"

"내일이 칠석이거든!"

"어머니도 보여요?"

"그럼!"

칠월 칠석 날이면 용하게도 비가 왔다.

견우와 직녀가 얼싸안고 흘리는 눈물이라는 말에 불쌍해서 덩달아 훌쩍인다.

이 태백이 놀던 달도 우리의 꿈이었다. 떡방아를 찧는 토끼가 귀여워서 토끼를 길렀다.

동그랗고 빨간 눈은 참으로 예뻤다. 풀잎을 따서 주면 오물오물 잘도 먹는다.

"영이 엄마, 냇가에 안 갈라우?"

옆집 순이 엄마가 울타리 너머에서 손짓을 한다.

"기다려요."

어머니는 새근새근 잠든 동생을 번쩍 안아 아버지가 계신 사랑방에 눕혀놓고 나오신다.

냇가에는 벌써 동네 아주머니들이 나와서 우리를 기다린다.

"쪼그만 게 잠도 없네."

바우 누나가 꼬옥 안아준다. 냇물 속에 들어가 물장구를 치고 놀다가 깜짝 놀라 소리친다.

"엄마 나무꾼이 내 날개옷 훔쳐 가면 어떻게 해?"

"뭐, 날개옷이라구? 호호호…."

깊은 밤 졸졸거리는 냇가에 은방울이 굴러간다.

"봉숭아물 들이고 가세요. 큰애가 찧어 놨어요."

돌아오는 길에 복길이네 집으로 모두 들어간다.

손톱에 봉숭아꽃 찧은 것을 놓고 아주까리 잎으로 싸서 무명실로 찬찬히 감는다.

'누가 제일 예쁘게 물드나 내기하자'고 한다.
'하느님 이렇게 얌전히 아침까지 자게 해주세요.'
가슴에 두 손을 얹고 기도하며 잠이 든다.
날개옷을 입은 선녀가 하늘에서 내려온다.
어디서 많이 본 얼굴이다.
봉숭아물이 곱게 든 손톱이 아름답다.
"엄마, 저 선녀 좀 봐. 바로 내 얼굴이야!"
제 소리에 깜짝 놀라 잠이 깬다.
허전하고 안타깝다.

아, 다시 한 번만이라도 그때 같은 여름밤을 맞을 수는 없을까.

김은숙

김은숙_ 한국문인협회, 국제 펜클럽 회원, 전북문인협회 부지회장, 전북여류문학 회장 역임. 새천년한국문인상, 전북문인상 수상. 수필집 ≪그 여자의 이미지≫ ≪길 위의 편지≫. 시집 ≪세상의 모든 길≫.

유치환 시인의 문학관을 가다

— 깃발을 찾아서

1. 푸른 해원

* 이것은 소리 없는 아우성
저 푸른 해원을 향하여 흔드는
영원한 노스탈쟈의 손수건
순정은 물결같이 바람에 나부끼고
오로지 맑고 곧은 이념의 표ㅅ대 끝에
애수는 백로처럼 날개를 펴다
아아 누구던가
이렇게 슬프고도 애달픈 마음을
맨 처음 공중에 달 줄을 안 그는
　　–유치환의 〈깃발〉 전문

우리 민족의 정서를 한 마디로 표현한다면 정한이 아닐까 한다. 그리움이라고 해도 좋을 것이다. 그리움의 시인이라고도 부르는 청마 유치환 선생님을 만나러 아침 일찍 길을 나섰다. 오래 전 그가 내 건 애련한 깃발의 자취를 더듬어 가는 것이다.

우리나라의 시 역사에 큰 획을 그으신 선생님은 가시고 그 시어들만 저렇게 남아서 우리를 향해 펄럭이고 있지 않은가.

통영 남망산에 올라 쪽빛 바다를 바라보면 청마의 그리움을 이해할 수 있을 거라고 안내자가 귀띔을 한다. *그 푸른 해원을 향하여 노스탈쟈의 손수건을 높이 흔들곤 했으리라고.

경상도 사람들이 강이라고 부르던(경상도에선 얕은 바다를 강이라고도 표현함), 그래서 박재삼 시인의 —울음이 타는 가을 강—으로도 세상에 알려진 삼천포 앞바다를 에돌아 통영으로 들어가는 길이다. 꿈 푸른 솔바람이 우리 일행을 배웅한다.

저 멀리 섬과 섬 사이를 이어 놓은 교량이 눈부시도록 아름답다. 끊어졌는가 하면 다시 시작되기를 몇 번 되풀이한다. 야트막한 섬의 정수리를 넘어 초현대식 곡선을 보여주는 교량의 모습이 장엄하다.

삼천포와 창선도 사이에 있는 3개의 섬을 연결한 삼천포대교는 국도 3호선으로 이어진다. 이름도 삼천포 쪽에선 삼천포 대교로 반대쪽에서는 창선대교로 불린다.

자치단체나 민간단체들에 의하여 이 길이 우리나라에서 가장 아름다운 길로 명명되었다고 한다. 특히 노을이 그토록 아름답다는 얘기다. 기회가 닿으면 해 질 녘 이 해변 길을 걸어 보리라 다짐한다.

2. 아득하면 되리라

이에 앞서, 경상도 땅을 밟은 45명의 전북시인협회 사람들을 제일 먼저 반겨 주는 것은 삼천포 대교 공원에 새워진 박재삼 시인의 시비였다.

해와 달, 별까지의
거리 말인가
어쩌겠나 그냥 그 아득하면 되리라.

사랑하는 사람과
나의 거리도
자로 재지 못할 바엔
이 또한 아득하면 되리라. (후략)

– 박재삼의 <아득하면 되리라> 중에서

서너 시간이 소요된 주행에서 얻은 피로도 잊은 채 정겨운 바닷가를 거닐며, 내게 아득한 채로 그리운 것들을 생각했다.

지극히 가난하게 태어나 갖은 고생을 겪으며 시의 금자탑을 세워 놓고 가신 시인의 높은 시심을 더듬어 보며 행복에 젖었었다.

3. 시인의 발자취

하루의 문학기행 일정이 몹시 빠듯하므로 서둘러 삼천포를 뒤로하고 청마 유치환 선생님의 고향인 충무를 향해 떠난 길이다.

유치환 시인은 1908년 통영의 태평동에서 한의원이던 부친 류준수씨의 8남매 중 둘째아들로 태어났다. 부유한 집안에서 귀하게 태어난 셈이다. 시대는 같지 않지만, 삼천포의 박재삼 시인과는 확연히 비교되는 환경에서 태어나고 자랐다고 할 수가 있다.

그는 일찍이 일본 유학길에 올랐다. 그러나 부친의 사업이 기울어 귀국해야 했고 고국에서 공부를 마치게 되었다.

일본의 아나키스트들과 정지용의 시에 깊은 영향을 받아 시를 쓰기 시작한 그는 24세 때 문예월간 2호에 〈정적〉이라는 시로 데뷔했다.

광복 후 통영여중 교사(1945년-1948년)로 재직하며 윤이상 김춘수 등과 통영문화협회를 조직하여 회장을 맡기도 했다.

그 후 경주고 대구여고 교장을 거쳐 경남여고로 자리를 옮겼다. 부산에서 흡인력 있는 리더쉽을 발휘하며 문단의 스승으로도 활약 하던 중 1967년 2월 13일 좌천동 앞길에서 버스에 치었고 부산대 병원으로 옮기던 중 숨을 거두시고 말았다.

버스가 다가오는 줄도 모르고 골똘해야 했던 그의 관심사는 대체 무엇이었을까. 하늘에 떠가는 흰 구름이었을까. 아니면 통영 앞바다에서 그립게 빛나던 햇빛이었을까.

수많은 시를 남긴 채 거제시 둔덕면 빙하리 산록에 묻혀 있는 선생님은 말이 없으시다. 아마 그는 틀림없이 바위가 되셨을 게다. 그래서 그 절절하던 애련도, 2세 교육도, 시마저도 모두 잊어버리고 *억년 비정의 함묵에 깊이 칩거한 채 속절없이 비바람에 젖고 있을 게다.

* 나 죽으면 한 개 바위가 되리라
아예 애련에 물들지 않고
희노에 움직이지 않고
비와 바람에 깎이는 대로
억년 비정의 함묵에
안으로 안으로만 채찍질하여
드디어 생명도 망각하고

흐르는 구름
머언 원뢰
꿈꾸어도 노래하지 않고
두 쪽으로 깨뜨려져도
소리하지 않는 바위가 되리라.

– 유치환의 〈바위〉 전문

4. 청마의 거리

바다가 보이는 정량동 언덕에 위치한 문학관을 둘러 본 후 우리는 안내자의 인솔에 따라 청마의 거리로 향했다.

문화동 새마을금고에서 통영우체국이 있는 100여 미터의 골목이 청마의 거리다. 통영사람들이 유치환 시인을 얼마나 사랑하고 자랑스러워하는지를 가늠할 수 있었다. 거리에 시인의 이름을 붙이고 보호하고 가꾸어 가는 것을 보며 그랬다.

청마가 편지를 부치기 위해 걸어갔던 우체국과 부인이 운영했던 문화유치원(현 통영기독백화점)이 있고 이영도 여사의 수예점 자리가 남아 있었다. 이영도 여사가 수도 잘 놓았던 모양이다. 빨간 우체통이 서 있는 우체국 앞에서 우리는 사진을 찍는다.

이영도 시인과 주고받은 수많은 편지 중에는 많은 사람들이 애송하는 <파도야 어쩌란 말이냐> <사랑하였으므로 진정 행복하였네라>가 있다. 그래서일 게다. 그리움 하면 바로 떠오르는 시인의 이름이 청마인 까닭은.

그의 문학의 밑거름과 영혼 구원의 길잡이가 사랑이었음은 우리가 익히 들어 알고 있는 사실이다. 그는 허가받지 못한 사랑을 하였으되 의리가 있었으며 *순정은 물결같이 맑고, 또한 한없이 겸손하셨던 것 같다. 그 열리지 않은 시대를 살면서도 사랑을 굳이 감추려고 하지 않고 그것을 문학적으로 승화 시킬 수 있었기 때문이다. 이는 그가 철저히 플라토닉 러브를 지향했거나, 아니면 목숨이 다하기까지 변치 않을 자신이 있었던 까닭이기도 할 것이다.

5. 청사모의 항변

한때 청사모(청마를 사랑하는 사람들의 모임)가 결성되었었다는 것은 의미 있는 일이다. 그의 시 900여 편 중에 〈수〉〈북두성〉〈전야〉 이 세 편의 시에서 친일 냄새가 난다는 이유로 친일파로 분류하려는 세력에 대항하기 위해서다.

민족문제연구소에서 친일 인명사전에 청마의 이름을 넣기 위해 심증을 갖고 조사를 하였다고 한다. 그러나 증거가 될 만한 적절한 자료를 찾을 수 없어 보류된 것을 2차에서는 반드시 친일로 분류하겠다는 전제하에 그 구실 찾기에 혈안이 되어 있다는 것이다.

세 편의 시가 발표된 매체가 친일 성향이 짙은 잡지라는 것이 유일한 트집거리라는 것이다. 또 만주 시절 오족협회에 가입한 적이 있는데 저명한 학자들이 이미 아무 문제없는 단체임을 증명했는데도 불구하고 그 사실을 들먹인다는 것이다. 청사모의 항변의 결과가 어떻게 돌아왔는지 모르겠다.

그가 친일의 대열에 섰었는지 그러지 않았는지 나로서는 아는 바가 없다. 그러나 철저한 인간 존중의 생명파 시인이었다는 청마 선생님의 어록을 더듬어보면 어렴풋이나마 그의 사상을 짐작할 수 있다.

–무도하게 인간이 짓밟힐 때, 그 짓밟히는 자가 이 민족이요, 짓밟는 자가 설령 내 조국이라 할지라도 나는 인간을 옹호하기에, 내동댕이친 팬대 대신 칼을 들고 조국에 항거할 것이다.–

*** 에필로그**

늦은 오후에 하동포구에 도착한다. 우리는 섬진강이 내려다보이는 솔밭에서 잠시 쉬어 가기로 한다. 정갈하고도 푸른 잔디밭에 편하게 주저앉는다.

남부시장 할머니가 특별히 정성을 들여 만든 눌린 돼지고기와 새우젓을 접시에 담고, 젓갈냄새 아직 먹음직스럽게 풍기는 생김치도 펼쳐 놓는다. 술이건 음료수건 저마다 입맛에 맞는 것을 집어 들고 건배를 한다.

"자! 우리의 깃발을 위하여. 그리고 저 아득한 것들을 위하여!"

마침 강 건너 아스라이 보이는 강마을이 바로 고향이라는 회원이 있어 그의 고향 이야기를 들어본다. 가까이 앉아 있던 문우들의 눈빛이 그윽해진다. 틀림없이 그들은, 저녁연기가 자욱이 초가마을을 뒤덮을 때쯤, 사립문에서 어머니가 정다운 음성으로 자식의 이름을 부르곤 하던, 그 옛날의 고향집에 벌써 달려가 있음이다.

노을이 스러지고 있는 것을 보면서 자리를 털고 일어난다. 강이 어둠속으로 가라앉을 기미가 보인다.

곧 별이 돋기 시작할 것이다. 그리고 그 별만큼 아득한 곳에서 우리가 매달아 놓았던 갖가지 깃발들이 또 다시 펄럭이기 시작할 것이다.

* 표시가 있는 곳은 선생님의 시어를 따온 것임.

다리 밑에 그녀가 산다

그곳에 서면 세상 굴러가는 소리가 들린다.

각 노선의 시내버스가 거의 모두 통과한다고 해도 과언이 아닐 남부시장 다리 밑. 게다가 평화동이나 남원 쪽에서 팔달로로 들어오려면 꼭 거쳐야 할 노선이어서 쉴 틈 없이 이어지는 자동차 바퀴소리로 다리 밑은 소란하다. 그러나 자동차나 버스가 세상 굴러가는 소리를 모두 대변하는 것은 아니다.

그곳에는 세월을 되새김질하는 사람들이 있다. 주로 노년층의 사람들이 날마다 약속이나 한 듯 꾸역꾸역 모여 들어서 하루를 일 없이 소일하다 가는 곳. 저마다 한 세상 엮어왔을 수십 가지의 사연들로 언제나 시끌벅적하다. 경험담이나 목격담에다 허풍도 간혹 섞어서 지루한 시간을 굴리는 소리들이다.

화투를 치고 카드놀이를 하고 윷놀이 판을 벌이는가 하면 싸움도 놀이인 양 간혹 욕지기가 오가기도 한다.

그곳에서 커피를 팔고 있는 그녀를 만나게 되었다. 다리 밑 풍경과는 어울리지 않게 가을이면 산책로를 따라 억새꽃이 만발했다. 그 길을 걸어보려고 계단을 내려 간 우릴 그 여인이 불러 세운 것이다. '커피를 그냥 드릴 테니까 마셔보시라'고 하며 빠른 손놀림으로 뜨거운 물을 컵에다 부어 저어 주었다. 그러지 않아도 커피 생각이 간절했던 터였다.

애초에 그녀를 아는 체할 구실도 없었다. 이따금 이 다리 밑을 통과하여 억새밭 길을 걷기도 했었지만 그때마다 되도록이면 기척 없이 사람들 주변을 돌아서 나갔으므로 그 누구와도 마주하는 일은 없었다. 왠지 부담스러운 그곳을 서둘러 지나가려고만 했는데 자연스레 우리도 다리 밑 식구들이 되어 있는 게 아닌가.

커피 좌판대 앞에 의자를 끌어다가 앉혀 주고, 그녀는 앞이가 다 빠져 바람이 새는 발음으로 익살스럽게 그곳 이야기를 들려주었다. 성질이 급하고 못된 자신의 성격 탓에 화를 참지 못하고 사람을 때려서 합의금을 물어주고 무마시킨 일도 몇 번 있노라고 했다.

그런 말을 하는 그녀의 모습에선 건들거리는 남성의 어떤 익살스러움이 묻어났다. 그런가 하면, 커피를 주문하는 영감님들의 너스레를 능수능란하게 받아주는 솜씨도 여간이 아니었다.

나이를 짐작 못할 행색이었다. 새까만 피부에 키는 보통 남자보다는 더 커 보였다. 게다가 앞 이는 모두 빠져 버려 어찌 보면 일흔이 다 된 나이 같기도 하고, 한편으로는 팽팽한 피부와 너스레를 떠는 말솜씨가 그보다는 훨씬 어릴 것이라 여겨지기도 하였다.

오십 일 세라고 했다. 도무지 믿어지지 않는 그녀의 나이였다. 나는 내 주변의 그 나이 또래들을 떠올려 보았다. 멋스럽게 차려 입고 나서면 아가씨라고 해도 과언이 아닐 K씨, 언제나 뽀얀 살결이 귀부인 같은 L씨, 얼마 전 외국 여행을 다녀왔다던 J씨 등 인생의 가운데 토막을 즐기며 사는 여인들을.

만약 다리 밑의 그녀와 이 여인들이 모두 함께 어울려서 길을 걸어간다면 시어머니와 며느리 사이로 짐작하는 사람들이 대부분일 것이다.

남자들이나 입음직한 더블 단추의 낡은 가죽점퍼를 입은 그녀의 모습은 영락없는 남자의 행색이었다. 그녀가 별로 어울리지 않는 목소리로 "오빠 차 한 잔 마시고 가."라고 애교를 섞어 손님을 부르는 소리를 듣기 전에는 남자로 오해하는 일이 종종 있음직도 했다.

거기에서 그 장사를 하는 것도 애로가 많은 모양이었다.

그곳의 장사꾼들이 걸핏하면 서로 고발을 하고 오해가 생겨 싸움이 되곤 하는 까닭에 꽤나 피곤한 모양이었다.

그래도 그곳에서 커피 팔아 아이를 키우고 공부도 시켰다고 자랑이다. 갓난아기를 이곳 다리 밑에 뉘어놓고 장사하기 시작했는데 지금 그 아이가 스물한 살이란다. 사고를 당해 다 죽어가는 남편을 몇 해 동안이나 업고 다니며 온갖 지극 정성을 기울여 지금은 출입도 자유롭고 사람 구실을 제법 한다고 환히 웃었다.

도와주진 못할망정 어찌 신세까지 지랴 싶어 값을 지불하려 했더니 막무가내로 받지 않는 것이었다. 대신 다음에 오면 꼭 돈을 받겠다고 했다.

며칠 후 그 친구들이 만나서 또 그곳으로 갔다. 의논할 일이 있어서 밥을 먹었고 그 여인의 커피를 이번에야 말로 값을 지불하고 마시기 위해서 간 것이다.

그런데 가는 날이 장날이라고, 다리 밑은 싸우는 소리로 왁자지껄했다. 지난 번에 그녀로부터 싸움에 관한 경험담과, 참지 못해서 금전적 손실까지 보게 되더라는 이야기를 가장 많이 들어서인지 어떤 좋지 못한 예감이 내 머리를 스치는 것이었다.

짧은 순간, 싸우고 있는 사람이 제발 그녀가 아니기를 바랐지만 아니나 다를까, 넘어져 있는 늙은 여인을 향해 삿대

질을 하며 야단을 치고 있는 사람은 멀리서 봐도 낯이 익은 그녀가 틀림없었다.

그런 그녀 앞에 불쑥 나타나기도 뭐하고 해서, 애초에 들르려던 강암 선생님의 기념관을 먼저 들러 서예를 감상하고 선생님의 체취도 더듬어보았다.

한참이나 지났을까, 싸움이 진정되었는지 다리밑은 조용했다. 우리는 그녀의 좌판대 앞에 앉았다.

커피를 타 주며 여인이 말했다. "오늘도 사람을 때리고 말았당께. 할망구가 살짝 돌아가지고 욕을 허잖어. 내가 영감들을 홀린다는 것이여. 난 그렇게 안 살았는디 말이여."

그녀의 새까만 피부는 오늘 따라 더욱 더 윤기 없이 까칠했다. 금방이라도 울음을 터뜨릴 것 같은 얼굴로 먼 하늘을 한참이나 응시하고 있었다.

건너편 억새 풀 하얀 숲에서 반짝거리던 가을 하루가 또 저물어 가고 있었다.

서쪽 하늘에 노을이 드리워지는 걸 보았다.

(2010년도)

뉘 부르는 소리 있어

굳이 나를 부르는 소리 없어도 좋을 것이다.

그러나 누가 내 이름을 불러 준다면 더더욱 좋을 것이다.

함평천지! 유채꽃 물결이 넘실대고 자운영이 만발한 잔치마당. 그곳에 갖가지 빛깔의 꽃밭 사이로 아름다운 자태의 나비들이 무리지어 춤을 춘다고 하니 내 어찌 한번쯤 가보고 싶지 않았으랴.

신명이 많고 정이 많다는 남도의 문인들이 그곳에 꽃 비단 길을 깔아 전국의 문인대표들을 초대하였고, 어떤 은혜의 작용으로 내 이름까지 묻혀 들어 간 셈이다.

부르는 소리 있어, 그곳으로 가는 길은 마냥 가슴 설레고 즐거웠다. 함께 가는 일행이 평소에 존경하고 좋아하던 사람들이었다는 것도 크게 한 몫 하였을 것이다. 이런 가슴, 이런 기대감으로 떠날 수 있는 여행이 우리 남은 생애에 얼마나 될 것인가.

그곳엔 이미 잔치가 무르익어 꽃향기에 취한 나비들 사이로 사람들 또한 느긋하게 날갯짓 하며 봄 한나절을 흘러가고 있었다.

엑스포 공원엔 곤충마을과 나비곤충 생태관이 있고, 황금박쥐 생태전시관 등등. 열 손가락으로 다 꼽지 못할 정도로 다양한 각종 전시관이 놀랄만하게 잘 꾸며져 있었다. 봄꽃과 야생화 사이에서 무당벌레가 기어 다니고 장다리꽃 위로 추억의 나비들이 예쁜 것과 향기로운 것을 찾아 한가로우면서도 바쁘게 이리저리 날고 있었다.

여름날 땀을 뻘뻘 흘리며 노랑나비를 쫓고 있던 열 살 무렵의 나를 그곳에서 만났고, 비바람이 험상궂게 거쳐 간 처마 밑에서 날개 찢어진 호랑나비를 만져 주던 개구쟁이 어린 고향 친구들을 보기도 했다.

손가락만한 크기로 흙 속에서 꾸물거리는 애벌레를 들여다보고 있자니 엉뚱하게도 아프리카의 어떤 원주민들의 모습이 자꾸 떠올랐다. 하얗고 통통한 벌레를 그대로 입에 넣어 맛있게 씹어 먹던, 그 벌레 한 마리를 집어 이방인에게 내밀며 어서 먹어보라고 재촉하던……. 그들을 이곳에 세워둔다면 이 유충을 먹고 싶어 할까, 아니면 아무 욕망 없이 그저 덤덤할까.

안일한 일과를 반납하고, 생각하고 연구하고 몸을 바쳐

이 축제의 장을 마련하고, 해마다 전국이 떠들썩하게 꽃소식 나비소식을 전하여 많은 국민들을 가슴 설레게 하는 이곳 공무원들과 지역 주민들의 노력이 무척 위대해 보였다.

황금박쥐 전시관으로 들어가며 나는 아이들이 어릴 때 함께 텔레비전 앞에서 만화를 보며 불렀던 주제가를 떠올려 보았다. '황금 바악쥐 황금 바악쥐' 라고 별스럽게 그 부분만 길게 빼며 되풀이 해 부르던 아들아이의 어릴 적 목소리도.

순금 162kg과 은 281kg으로 만들어진 황금박쥐상은 사람들을 놀라게 하기에 충분한 것이었다. 그것은 동굴 깊숙이 들어 앉아 그 위용을 자랑하고 있었다. 73억 4천만 원이라는 천문학적 금액을 들여 제작했다고 한다.

그렇게 엄청난 것을 본 후 내게 잠시나마 걱정이 하나 생겼다. 만약 떼강도가 그 황금박쥐를 훔치려고 그곳을 습격하면 어떻게 될까 하는 것이다. 그러나 쓸데없는 기우일 것을 안다. 주최측에선 모든 방침과 대책을 세워두고 주도면밀하게 잔치마당을 열었을 게다.

지난해 가을 이곳에서 국향 대전이 열렸을 때 샀던 열쇠고리 속엔 초록 빛깔의 예쁜 풍뎅이 한 마리가 언제나 같은 자세로 엎드려 있다. 그저 별 생각 없이 열쇠 꾸러미에 달고 다니던 풍뎅이가 이젠, 오늘 본 유충들처럼 꾸물거리며 기어 다니며 내 추억의 흐름을 지켜 봐 주리라 믿는다.

인정에 취하고 꽃향기에 취하여 이 봄날 하루는 참으로 행복하였다.

추억과 희망의 이름으로 기억하고 싶은 곳 함평!

그곳에 다시 가고 싶다.

(2010년도)

최 일 순

- 시계, 아! 그 시계가
- 엷어진 가을 햇살 속에서
- 타오르는 불길 앞에서

최일순_ 충남 공주 출생. 1990년 현대문학에 수필 천료. 수필집 ≪마음에 뜰 하나 들여놓으며≫ 외 3권.

시계, 아! 그 시계가

– 충의사 유물 전시관에서

충의사 유물관을 둘러보던 중, 내 눈길을 확 잡아끄는 것이 있었다. 시계, 아! 그 시계가 있었다. ≪백범일지≫에서 내 청년시절에 만났던 회중시계였다. 그 시계는 긴 줄에 매달린 채 세월과 함께 낡아가고 있었다. 순간 마음에 형언할 수 없는 격랑이 일었다. 봉길이 이승에서 백범의 목에 걸어주었던 마지막 정표인 시계, 바로 그 시계가 내 눈 앞에 있었다.

대의를 위해 자신의 목숨을 기꺼이 던진 역사의 현장을 낱낱이 지켜본 시계였다. 백범의 고뇌에 찬 애국충정이, 봉길의 비장했던 마음이 속속들이 스며있는 시계였다.

거사 전날 밤, 봉길은 자신의 시계를 풀어 백범 목에 걸어주었다. 평소 백범의 헌 시계가 마음에 걸리던 봉길이었다. 대신 백범의 헌 시계를 건네받았다.

봉길을 사지(死地)로 내몰고 돌아오던 밤, 백범의 가슴에도 수많은 번뇌로 들끓었을 것이다. 다음 날은 봉길이 살아 있어서는 안 되었다. 아니, 반드시 죽어있어야만 했다. 내일의 거사를 위해 수많은 날들을 고심하고 또 고심하지 않았던가. 허나 어찌 잠들 수 있었으랴. 자신도 아들을 키우는 아비였거늘.

다음 날인 1932년 4월 29일 홍구공원, 일제의 천장절(일본 천황의 생일을 축하하는 경축일임) 겸 '상해전투 승리' 기념 축하 식장은 들뜨고 일면 환희에 넘쳐있었을 것이다. 오만과 자존이 출렁대고 있었을 것이다. 마침내는 세계를 손아귀에 쥘 그 날이 멀지 않았다는 확신이 기쁨으로 펄럭대고 있었을 것이다.

그도 일순, 식이 끝날 무렵 기념식장은 순식간에 혼비백산 아수라장이 되었다. 봉길의 어깨에 메었던 물통 모양의 폭탄이 단상 중앙을 향해 정통으로 날아간 것이었다.

땅에 내려놓은 도시락 폭탄을 재빨리 집어 들고 자폭하려는 찰라, 봉길은 그만 일본 경찰에 체포되었다.

천지를 뒤흔드는 폭탄소리와 굉음을 마음으로 들은 백범의 가슴엔 형언키 어려운 감정의 회오리가 요동치지 않았을까. 형형히 타오르던 봉길의 육신이 처참하게 찢겨진 현장이 눈앞에 어른거려 오열하며, 오열하며 봉길이 걸어준 시계를 쓰다듬고 또 쓰다듬진 않았을까.

정통으로 날아간 폭탄으로 인해 단상에 있던 군, 관, 민 대표 일인들은 처참한 아비규환의 지옥에 떨어졌다. 그들은 현장에서 즉사하거나 회복할 수 없는 신체의 손상을 입었다. 일본인의 간담을 서늘케 한 의거였다.

우리가 숨죽이고 살던 암흑기에도 독립의 의지는 시퍼렇게 살아있음을 세계만방에 과시한 거사였다. 눌려 지내던 중국인의 가슴까지 뻥- 뚫리게 해준 쾌거였다.

살아남은 봉길은 두렵고도 공포스러운 고통의 긴 시간을 감내해야만 했다. 순국 직전 뼈만 앙상하게 남은 사진을 보고 그간의 마음고생이 헤아려져 숨을 쉬기가 힘들었다.

한 점 후회 없이 망설임 없이 조국 광복에 기꺼이 몸을 던질 결심을 한 봉길의 나이 불과 25세였다. 조국 광복을 위해 거침없이 사지(死地)로 달려 나가던 그분의 흉중엔 어떤 상념(想念)이 자리했을까. 자신의 안위를 위해 정화수 떠놓고 밤마다 기도하던 어머니가, 아내가, 또 졸망거리는 어린 것들이 어찌 눈에 밟히지 않았으랴. 집안의 기둥이라며 마음 든든해하던 아버지의 비탄에 잠긴 모습이 어찌 떠오르지 않았으랴.

허나 한 부모의 아들로 머물기에는, 한 여인의 지아비로 지내기에는, 아이들의 아비로만 생을 엮기에는 그는 너무나 큰 사람이었나 보다.

1932년 12월 19일 오전 7시 27분, 윤의사는 가나자와 육군공병작업장 내 외진 곳에서 총살되었다. 캄캄한 암흑 속에서 어디에 있는지도 모르는 광복(光復)의 실체, 아니 있기나 한지조차 의심스러운 광복(光復)을 향해 불나방이 되어 그 불을 기꺼이 껴안았던 사람 매헌 윤봉길.

이글이글 타오르던 애국적 열정이, 흔들림 없는 신념이 생사마저 초월할 힘을 갖게 했음인가. 하지만 그도 생의 의지를 지닌 나약한 인간이었겠거늘 어찌 두렵지 않았으랴.

윤 의사가 순국한 지 13년이 지나서야 대한민국은 독립이 되었다.

1946년 5월 21일 일본에 묻혀있던 윤 의사를 꿈속에서도 그리워했을 조국으로 모셔왔다. 그 때 김구 선생은 두루마기 자락 펄럭이며 제일 먼저 포구로 달려 나갔다.

"오오! 윤 의사."

두 팔 벌려 유골을 품에 안으며 오열하던 김구 선생의 모습을 떠올리는 것만으로도 내 눈에서는 더운 눈물이 솟구친다. 두 팔 벌려 안아주는 백범을 보며 봉길은 자신의 목숨이 조금도 아깝지 않다고 생각했을까.

1946년 7월 7일 윤 의사의 추도식이 온 국민의 애도 속에서 국민장으로 엄숙히 거행되었다. 해방된 조국이 자신을 고귀하게 받아 안는 모습을 보고 혼백일망정 기뻐 춤추었을까.

허나 돌이켜 보아도 그때 그분의 나이는 너무나 푸르렀다. 삶을 일순간에 부러트리기에는 너무나 아까운 나이, 너무나 안타까운 나이였다.

몸 바칠 그런 신념을, 열정을 나는 내 생애에서 단 한 번만이라도 품어본 적 있었던가. 마음 바쳐 사랑해본 적 있었던가.

그때 그 시점에 서 있는 듯 내가 나에게 질문을 던져 본다. 우리 민족에게 아무런 힘도 희망도 없던 암흑의 시절, 조선의 민족혼이 살아 있으며 조국 광복의 의지가 펄펄 끓고 있음을 세계만방에 알릴, 이보다 더 효과적인 방법이 무엇이었을까. 그 당시 백범 마음을 헤아려 짐작케 하는 상념이다.

때가 되면 어둠 걷히고 새벽의 여명은 밝아올 것이다. 아무리 어둠 짙어 사위를 분별할 수 없을지라도 새날은 분명 밝아오고야 말 것이다.

길도 보이지 않는 캄캄한 어둠 속에서 산 넘고 물 건너, 건너 고난의 가시밭길을 헤치며 광복을 마중 나갔던 이. 생의 1/3밖에 달리지 않고서도 삶을 완성시킨 사람, 삶의 허리를 우지끈 부러트려 조국과 더불어 영원히 사시는 분. 그분은 시대의 희망이었으며 이 땅의 어둠을 밝힌 암흑 속의 횃불이었다.

삶의 가치는, 농도는, 길이가 아닌 그 완성도에 있음을 그분의 삶을 돌아보며 다시금 깨우친다.

역사 속의 한낱 작은 소품으로 기억될 그 시계는 세월의 뒤안길에 묻혀 잊혀진 게 아니었다. 조국 광복의 품에 안겨 길이, 길이 보전해야 할 보물(윤 의사의 유물은 보물 제 568호로 지정됨)이 되었다. 대한민국의 역사와 더불어 영원히 안고 갈 나침반이 되었다. 시대의 어둠 밝힐 횃불이 되었다.

그는 내포 뜰이 낳은 희망 잃은 민족을 온 가슴으로 싸안은 드넓은 대지(大地)였다. 이글이글 타오르던 태양이었다. 그리하여 영원히 죽지 않는 민족(民族)의 아들이 되었다.

나는 낡은 시계 앞을 쉽사리 떠날 수가 없었다. 이 시계는 참으로 나에게 많은 말을 하고 있었다. 선열들이 조국 광복을 위해 뿌린 피를, 애끓는 염원을 들려주고 있었다. 바늘구멍만한 빛조차 찾아보기 힘든 암울한 시대에도 희망을 품고 가다 보면 빛을 만날 것이라고 아니, 만날 수밖에 없다고 확신하고 또 확신하던 그 분들의 고되고도 아픈 여정이 스며있었다. 절망의 끝에서도 마지막까지 희망의 끈을 놓지 않았던 선열들의 형형한 눈빛이 담겨 있었다.

다음 행선지가 급하다며 인솔자가 유물관에 마지막으로 남아있는 나를 내몰 때까지 나는 오래도록 그 시계에서 눈을 뗄 수가 없었다.

엷어진 가을 햇살 속에서

나는 지금 낮은 산등성이 양지 바른 무덤가에서 가을볕을 온 몸에 받고 있다. 환하긴 하지만 쇠약해진 기운이 온 몸으로 감지되는 가을볕이다.

방금 가을 산에서 내려오다 가없이 파란 하늘에 눈을 주니 돌연 눈물이 핑 돈다. 아련한 그리움이 밀려온다. 고향 동산이 달려온다. 머리에 수건 쓰고 고구마를 캐거나 산비탈 경사진 밭에서 참깨를 털고 계시던 어머니의 모습도 보인다.

가을 볕 속에는 손에 잡히지 않는 무수한 그리움이 담겨 있다. 따듯하고 정다웠던 기억들을 불러다 주는 최면제가 들어있다. 바삐 걸어가다가도 어제를 반추하게 하는 향수를 불러일으킨다.

가을 햇살이 오늘처럼 밝은 날이면 소슬바람을 온 몸에 휘감은 채 산밭에서 고구마를 캐고 싶다. 호미로 땅을 조심스럽게 팔 때마다 보물 같은 고구마가 얼굴 내밀면 내 가슴은 두근댈 것이다. 얼굴 가득 기쁨이 번질 것이다.

빨갛고 야무지게 여문 고구마가 무더기무더기 쌓여 가는 것을 보면 부자가 된 듯 마음은 그득해질 것이다. 흙은 생명의 어머니임을 다시금 확인하게 될 것이다.

내가 심은 건 두 세 마디 고구마 순을 심었을 뿐인데 어쩜 흙속에서 이처럼 진귀한 보물이 나올까. 나는 보이지 않는 신의 손길에 새삼 감탄하게 될 것이다.

허리 펴고 올려다 본 하늘은 너무나 맑고 서늘해 내 마음은 눈 닿지 않는 저 먼 곳을 향해 달음질치리라. 내가 알지 못하는 세상에 대한 동경이 아직도 식지 않았기에 고구마 잎까지 따다 보면 나물 반찬이 풍성한 정월 대보름날의 푸짐한 식탁이 떠오를 테고, 넌출넌출 고구마 줄기 숟가락에 휘감기는 얼큰한 해장국이 끓이고 싶어질는지도 모른다.

오늘처럼 가을햇살이 밝은 날이면 고추 다 따 후줄근해진 산밭에서 이파리 누우렇게 익은 고춧잎을 따고 싶다. 곧 찬서리 내릴 것이기에 이제는 영영 익을 수 없는 어린 애고추도 많이 따고 싶다. 고추 잎은 삶아 말려 두어야지. 무말랭이와 묻혀 먹어도 좋고 애 고추는 찹쌀 풀 발라 말려두었다가 들기름에 튀기면 고소하고도 입맛 당기는 밥반찬이 될 것이다. 매콤하고도 바싹대는 고소함 때문에 술안주로도 그만일 것이다. 고춧잎 일부는 잘 다듬어 소금물에 삭혀두었다가 김장할 때 그 양념으로 버무리면 겨울철 진귀한 밑반찬이 될 것이다.

따끈한 햇살 등에 받으며 노오랗게 익은 깻잎도 따고 싶다. 깻잎 향에 취해 코 벌름거리노라면 밭가의 빨갛게 익은 감이 나를 내려다보겠지. 깻잎 차곡차곡 저며 된장에도 박고 소금물에 삭혀 두었다가 김장할 때 버무리면 그 또한 입맛 당기는 밑반찬으로 좋을 것이다.

내가 깻잎을 따는 동안에 엄마는 집뒤 아버지 무덤가에서 참깨를 톡톡 털고 있겠지. 깨가 몽땅 떨려나오지 않아 엄마는 깻단을 다시 묶어 무덤가에 세워 둘 것이다. 키질을 하면 껍질과 마른 잎은 저리 나가고 알곡만 보석처럼 쌓일 것이다.

앞치마에 따온 누런 고춧잎이나 깻잎을 햇살 가득한 마루에 쏟아놓을 테다. 마악 산밭에서 캐온 고구마부터 쪄야지. 엄마는 한숨 돌리기 위해 담배부터 피워 물는지 모른다.

가마솥의 물이 졸아들면 고구마 익는 냄새가 달큰하게 풍기겠지. 푹 익은 고구마는 쪼그라들어 찐득찐득 검은 진이 묻어 있을 것이다. 꿀이라도 바른 듯이 반짝반짝 윤기를 내며 솔솔 김이 나는 고구마를 엄마랑 들마루에 앉아 먹고 싶다. 찬물 한 그릇, 갓 익은 배추김치를 꼭지만 썬 채 마루에 갖다 놓고. 밥상에 받치지 않고, 쟁반에도 담지 않고 그냥 마룻바닥에 놓고 먹고 싶다.

미리 담근 동치미가 맛이 들었으면 동치미 속의 작은 통무를 세로로 세 번만 칼질해야지. 둥둥 뜬 지고추와 파란 골파를 보는 것만으로도 내 눈엔 반짝 생기가 돌 것이다. 미리부터 군침이 넘어올 것이다.

알맞게 익은 배추김치를 고구마에 척척 걸쳐 먹는 맛은 꿀맛일 것이다. 진귀한 그 어떤 음식보다 맛이 있을 것이다. 뜨거운 고구마를 이 손 저 손에 급히 옮겨가며 호호 불어 입에 넣자면 싱싱한 생명 머금은 대지의 기운이 내 몸에도 스밀 것이다.

엄마랑 나직한 어조로 살아가는 이런저런 이야기를 나누며 먹을 테다. 햇볕에 익은 엄마 얼굴도 내 얼굴도 벌게지겠지. 햇살도 강물 따라 흐르며 반짝반짝 빛을 낼 테고.

목이 메면 동치미 국물을 후룩후룩 마셔야지. 개운하면서도 시원한 가을 기운이 내 몸 깊숙이 들이찰 것이다. 동치미가 없으면 방금 떠온 옹달샘 물을 꿀꺽꿀꺽 마셔도 좋으리. 서늘한 가을 하늘까지 함께 마시면 내 마음도 한결 그윽하고 넓어질 것이다.

걸어온 길목, 길목에 소소하게 새겨진 삶의 무늬들, 별스러울 것도 큰 이야깃거리도 되지 않는 이런 일들이 소박한 행복이었음을 엷어진 가을 햇살 속에서 깨닫는다. 달리고 달려와 문득 발을 멈춘 후, 어제를 돌아본 후 깨달은 상념이다.

엷어진 햇살과 소슬해진 바람 탓에 지나온 어느 한때 어머니와 함께 했던 그 어느 가을날을 난 지금 사무치게 그리워하고 있다. 흙으로 돌아가신 어머니를 못 견디게 그리워하고 있다.

나도 내 곁에서 함께 걸어온 사람들에게 소소하고 평범한 행복의 무늬를 새겨 놓기는 한 것일까. 뒷날 돌아보아도 걸어온 그 길목 어디쯤에 내가 있고, 그 시절을 그리워하는 사람들이 평화롭고 따뜻했던 날들로 회억할 날들을. 해가 더 기울기 전 서둘러야겠다. 아직은 햇살이 남아 있을 때 사랑하는 사람들과 함께 하는 시간을 더 자주 마련해야겠다. 잔잔하고 평화로운 삶의 무늬 그릴 수 있도록.

타오르는 불길 앞에서

축제 현장은 이미 아름다운 빛에 파묻혀 있었다. 번쩍대는 빛 따라 마음도 들썩거려졌다. 가슴까지 두근대었다. 휘황찬란한 빛 터널, 대형나무, 아치 모형의 다리 등 갖가지 빛 조형물은 환상적이었다. 들인 정성이 읽혀졌다.

캄캄한 어둠 때문에 빛은 더욱 찬란했다. 빛 때문에 어둠은 더욱 어둠다웠다. 텔레비전에서 본 대전엑스포장의 <루미나르에 빛 축제>현장이 마음을 끌어 모처럼 가족과 외식을 하고 축제 현장으로 달려온 것이었다.

온 몸으로 달려드는 추위가 혹독했다. 곁에 있는 사람 팔을 끼지 않을 수 없었다. 몸이 가까우니 마음까지 바싹 당겨졌다. 새록새록 정이 솟았다. 삶이 한결 풍성하게 느껴졌다.

무대 중앙 전면에 설치한 대형 난로 위에서는 뜨거운 불길이 활활 치솟아 오르고 있었다. 발길은 절로 그곳으로 향했다. 이미 불 주위에는 많은 사람들이 빙 둘러서 있었다.

타오르는 불꽃 따라, 퍼지는 열기 따라 마음도 상승되었다. 주변의 공기까지 뜨겁게 달구어졌다. 따뜻하게 덥혀진 가슴, 따끈따끈한 손, 오리털 점퍼까지 오그라지기 직전이었다. 그 열기가 한없이 좋았다.

갖가지 빛으로 장식한 조형물 사이로 걸으면 누구나 주인공이 되었다. 귀한 존재가 되었다. 여기서 저기서 플래시가 터졌다. 어린 자녀를, 연인을, 친구를, 부모님을 가장 멋진 장소에 세우고 사진을 찍었다. 먼 훗날 삶이 쓸쓸할 때, 지리멸렬하게 느껴질 때 섬광처럼 떠올라 미소 짓게 할 순간 속의 영원으로 각인될 장면일 것이다.

우리가 초대한 딸 친구 얼굴도 붉게 상기되어 있었다. 좋은 것을 함께 나눌 사랑하는 사람들이 곁에 있어 축제가 더욱 축제다웠다. 딸아이와 친구는 팔짱을 끼고 소곤대기도 하고 먹을거리를 사서 먹으며 하하거렸다. 특별할 것 없는 그 모습이 보기 좋았다.

볼거리가 다양했다. 야외의 포장마차 생음악 감상실, 물 건너서 온 인형극, 각 나라 사람들이 나와 민속의상을 입고 벌이는 화려한 퍼레이드, 마음을 들뜨게 하는 악대와 춤 등.

정작 내 관심을 끈 것은 가장 원시적인 방법으로 불을 피워 올린 장작불 난로였다. 캄캄한 야외 이곳저곳에 작은 난로가 설치되어 있었다. 반가웠다. 불을 지필 나무토막과 판

자들까지 수북하게 쌓여 있었다. 횡재라도 만난 양 신이 났다.

나는 부지깽이 될 만한 나무 막대를 골라들고는 자청해서 화부가 되었다. 타다가 흩어진 채 꺼져가는 나무 조각들을 모아 세웠다. 이내 꺼져가던 불길이 되살아났다. 캄캄한 어둠 속에서 활활 타오르는 불길은 살아서 춤추며 하늘로 오르는 무희 같았다.

장작이 타오르며 피어오르는 불기둥, 연기와 함께 피어오르는 작은 불 부스러기들은 공중으로 높이, 높이 떠올라갔다. 캄캄한 밤하늘의 작은 별빛이었다. 빛은 이내 사그라지며 어둠 속으로 자취를 감추었다. 아쉬웠다. 찰나적이기에 더욱 아름다운 불꽃이었다.

타오르는 불길 위에 연신 새 장작을 올려놓았다. 밑에서 받쳐주고, 현재에 타오르고, 위에서 새롭게 이어주는 불길. 계속되는 불길의 순환 속에 일관된 흐름이 있었다. 삶의 역사가, 인류의 역사가 이렇게 이어졌겠거니 싶었다.

등은 시린데 버얼겋게 달구어진 얼굴은 견디기 힘들만큼 뜨거웠다. 시린 등을 돌려 불 가까이 두면 서서히 따스해졌다. 어둠을 응시한 채 등을 달구는 맛도 좋았다. 뜨거운 열기를 오래, 오래 내 몸 안에 담아두고 싶었다. 불길이 자지러질만 하면 나무토막을 수시로 집어넣었다.

뜨거워진 열기가 행복의 강도 같았다. 기쁨의 채도 같았다. 밤새도록 불을 지피고 있어도 좋을 듯했다.

불을 오래 쬐고 있으면 마음까지 따듯하고 아늑해졌다. 아무런 근심 걱정이 없었다. 나도 모르게 웃음꽃이 피어났다. 불을 오래 쬐고 있으면 무엇보다 몸이 개운하고 마음이 개운해서 좋았다.

타오르는 불길 앞에 서 있자니, 어린 시절 사랑 부엌에서 소죽을 끓이던 일이 떠올랐다. 불이 활활 타오르면 다리를 아궁이 양 벽에 걸쳐놓곤 철푸덕이 주저앉아 불을 쬐었다. 이내 가랭이가 견딜 수 없을 만큼 뜨거워졌다. 얼굴 또한 마찬가지였다. 내쐬는 열기가 한없이 좋았다. 아무리 뜨거워도 그대로의 자세를 허물어트리고 싶지가 않았다.

불을 때며 부지깽이로 아궁이나 부엌 바닥을, 벽을 땅땅 두드렸다. 무엇, 쌓인 게 있어서가 아니었다. 새카맣게 그을린 벽이나 아궁이 주둥이에 괴발개발 글씨를 쓰기도 했다. 몸에서 나오는 자연 발생적인 행위였다. 원시인들이 동굴 벽이나 바닷가 바위에 그림을 그린 것도 몸에서 나온 자연 발생적인 행위였을 것이다.

아궁이의 잉검불이 벌건 할 때면 아버지는 동치미에 동동 뜬 지 고추를 큰언니한테 쫑쫑 썰어 달랬다. 아버지는 아궁이 불을 끄집어내어 지고추에 들기름 듬뿍 붓고 달달 볶았다. 새카맣게 그을리고 찌그러진 양은 냄비에서 지글지글 피어오르던 기름내, 매콤하면서도 고소한 냄새가 집안 가득 퍼졌다. 입안 가득 군침이 고였다. 소박하나 단란했던 행복이 기름내보다 고소하던 시절이었다.

원시시대에도 사람들은 불 주위에 옹기종기 둘러앉아 사냥한 고기를 익혔을 것이다. 함께 음식을 나누면 마음이 따뜻해졌을 것이며 한 울타리의 결속력 또한 다져졌을 것이다.

불을 때면 아무런 잡념이 일어나지 않았다. 불 때는 그 자체를 그냥 즐길 수 있어 좋았다.

불길이 사그라지면 아쉬웠다. 뽀글거리며 피어오르던 행복의 입자들이 자지러드는 느낌이었다. 이내 열기가 그리웠다. 다시 불을 지폈다. 그러면 꺼진 기쁨의 입자들이 다시금 뽀글대며 피어올랐다.

20여 년 전, 처음으로 아파트가 아닌 주택에서 몇 개월 짧게 살던 때의 기억도 되살아났다. 길 위에서 암초를 만나 앞으로 나아가지도 뒤로 물러서지도 못해 마음에 암흑이 깔리던 시절이었다.

저녁 설거지를 마친 후면 생활 쓰레기를 들고 집 앞 공터로 나갔다. 주변은 이미 캄캄해져 있었다. 어둠 속에서 쓰레기에 불을 지피면 일시에 주변이 화안해졌다. 활활 타오르는 불길이 꽃보다 아름다웠다.

불을 쬐고 있으면 고달픈 현실도, 암담한 내일도 다 잊을 수 있었다. 가슴까지 따듯하게 달구어졌다. 불길이 사그라드는 게 아쉬웠다. 밤마다 더 태울 것이 있었으면 싶었다.

문득 밤새 불을 지피며 속이 시원하다고 했다는 비운의 왕세자인, 사도 세자가 생각났다. 그는 빈의 저고리건 자신의 옷이건 닥치는 대로 걷어다 불을 지폈다. 그리고는 미친 듯 좋아했다. 마음 후련해 했다.

세자의 광증을 사사건건 못마땅해 하는 부친의 질책과 분노는 하늘을 찔렀다. 부왕(영조)을 친견하고 온 날이면 세자는 더욱 괴로워했다. 아버지는 높고도 높은 산이었다. 뛰어넘을 수 없는 거대한 장벽이었다.

세자는 어떻게 해볼 도리가 없는 마음의 응어리를, 분노를, 울분을 활활 타오르는 불길 속에 태웠을 것이다. 더 태울 것이 없으면 안절부절 못했을 것이다. 그것을 아는 세자빈은 차마 말리지를 못하였을 것이다. 그리하여 자신이 입고 있는 옷가지까지 벗어 주었는지 모른다.

밤도 이슥해져 있었다. 타오르는 모닥불 앞에서 나는 과거로의 먼 시간여행을 하고 돌아왔다.

심신이 말끔해졌다. 사느라 쌓아두었던 이런저런 삶의 찌꺼기까지 타오르는 불길 앞에서 다 태운 듯 했다. 고단함이 전신에 휘감겼지만 모든 게 흡족했다.

어느 먼 나라 여행에서 돌아온 양 모든 게 아득했다. 꿈결인 양 피로조차 감미로웠다. 더 바랄 것이 아무 것도 없었다.

조설우

조설우_ 시문회. 현대문학 등단. 한국 문인협회 회원. 현대문학 수필작가회 회원. 수필집 ≪여영정 뜨락≫ ≪천강(千江)에 뜨는 달≫.

교도소 자리에서

포클레인 소리가 요란하다.

밤낮을 가리지 않고 들려온다.

서울구치소가 헐리고 사적(史蹟) 공원화한다는 발표가 있더니만 드디어 헐리고 있는 것이다.

집이 금화산(金華山) 자락에 있기 때문에 건너다보면 인왕산(仁王山)이요 내려다보면 구치소가 한눈에 들어온다.

페인트칠이 벗겨진 붉은 벽돌담 안에서 부지런히 헐고, 부수고 정지 작업을 한다.

서울구치소는 일본 사람에 의해 1908년에 지어졌고, 경성(京城)감옥이라 불렸다. 그 뒤 서대문형무소로 부르다가 1961년에는 서울교도소(矯導所)라 다시 명칭을 바꾸고 형무관도 교도관으로 불렀었다. 또 1967년에는 서울구치소(拘置所)로 바뀌고….

정치적 변혁기를 맞을 때마다 새로운 인물들을 수감하여

굴절 많은 우리의 역사를 투영해 왔는데, 근래에 이전 발표가 있고 나서 소년원을 선두로 1988년 말에 경기도 시흥으로 옮겨갔다. 그래서 빈 건물만이 불어오는 바람에 맨몸을 맡긴 채 폐허처럼 을씨년스러웠었다.

반년쯤 지나자, 사형장을 비롯하여 애국지사들의 혼백이 서려있는 감방 몇 동(棟)만 남겨진다고 한다.

다른 건물들은 헐어버리고 사적공원을 조성하는 중이니 민족의 한이 서린 교도소가 설립된 지 팔십 년만의 변천이다.

그곳에서 항일지사인 강우규(姜宇奎) 열사가 처형당하기 직전에 마룻바닥에 손톱으로 새긴 '姜宇奎 四二五三 十一二九'라는 글씨가 구치소 지하 감방에서 발견되었다 한다.

역사적 교훈을 느끼게 하는 산교육장이 아닌가.

동네 한복판에 육만 팔천여 평의 구치소가 자리했던 이곳 달동네의 주민들은 달라질 마을 모습에 관심이 크다. 여태껏 동네가 발전하지 못한 것은 구치소가 있기 때문이라는 생각과 또 차제에 동네도 재개발된다는 말도 떠돌기 때문이다.

그 여파로 오는 기대와 불안의 소식이 들려온다. 방 한 칸이 한 세대로 이루어진 집들…. 하여 시간이 흐르면 정리가 되고 모습이 나타나겠지만 지금은 구구한 말들이 오간다.

아침 일찍 산책길에 나간 남편이 평소보다 늦게 들어왔다. 그의 손에는 붉은 벽돌 한 장과 노란 꽃이 핀 패랭이를 들고 있다. 구치소 내의 식당을 헌 벽돌과 사형장으로 가는 길목에 피어있는 꽃이라 한다.

교도소 내의 식당은 멀리 독립지사들로부터 친일파, 파렴치한 잡범을 비롯해서 분단된 이념의 희생자들, 요즘에 와서는 민주화 투쟁이라는 반체제 사람들까지 여러 부류의 사람들에게 허기를 채워주기 위해 밥을 지었던 곳이다.

그곳의 벽돌이기에 벽돌 한 장일망정 많은 세월이 흐르면 역사성이 있는 것이라고 남편은 말한다.

남편에게서 벽돌을 받아든 손에 천 근의 무게가 느껴진다. 가슴 한구석에서 써늘한 바람이 일어온다.

많은 수형자(受刑者)들이 자유를 속박 받던 곳, 우리 민족의 저항정신과 나라 사랑의 갈등이 깃들어 있고, 개개인의 회한(悔恨)이 묻혀 있을 벽돌….

조그만 창 너머로 흘러가는 흰 구름과 날아가는 새들에게서 인내를 삭이며 자유의 의미를 절감하였으리라.

패랭이꽃에 물을 준다. 이 꽃은 사형장으로 향하는 길목에서 이승을 떠나는 사람들을 지켜보았을 것이다. 그러나 죽음으로 가는 길목에서 그들에게 이 노란 풀꽃이 눈에 띄었을까. 만일 그 풀꽃에 시선이 머문 사람이 있었다면, 이

꽃은 어떤 의미와 모습으로 다가왔을까.

인생이나, 풀꽃이나, 풀꽃에 맺힌 이슬이나 한 세상 살다 가기는 마찬가지인데….

빈 물통을 놓고 앉아있는 곁으로 누군가 와 앉는다. 돌아다보니 아래 골목에 사는 할머니다. 용모가 깨끗한 노인이다.

올 봄에 이사를 왔는데 환갑을 넘긴 노인으로 정신이 바르지 못하다. 하루 종일 밖에 나와 쪼그리고 앉아 있는데 말수가 없다. 그런데 가끔 비닐봉지나 낡은 핸드백을 들고서 데려다 달라 한다. 어디로 가느냐고 물으면 무조건 데려다 달라고만 되뇌는데, 무언가 갑갑하여 어디론지 훨훨 떠나고 싶은 모양이다.

노인이 표정 없는 눈동자로 바라본다. 빙긋이 웃어 보이는 모습이 정신이상자로 느껴지지 않는다. 며느리가 무식하다고 가끔 중얼거린다는 노인은 아는 것도 많았던 모양이다.

인사를 하고 새로 심은 꽃이 구치소 내 사형장 길목에서 옮겨 온 것이라 했더니, 노인은 합장하고 고개를 숙여 절을 한다. 이유를 물으니 그 꽃에 죽은 사람들의 넋이 깃들어 있다고 한다. 그 소리에 등줄기가 서늘해진다.

꽃에 넋이 깃들어 있다면, 아름다운 혼이 깃들 수도 있고, 오명을 남기는 저주 받은 혼이 서려 있을 수도 있을 것이다. 그러니 꽃에 스며든 혼은 아름다운 넋이라고만 생각할 수 없을 것이다. 하지만 극악무도한 사형수라도 마지막 가는 길에서는 인간 본연의 선한 자세로 돌아간다고 믿기 때문에 이 꽃이 아름답게 느껴진다.

노인의 희끗거리는 귀밑머리에 하얀 풀꽃이 꽂혀 있다. 할머니가 꽂았느냐 물으니 수줍게 고개를 끄덕인다. 문득 그 풀꽃을 보면서 어느 왕후 부럽잖다는 생각이 든다. 무슨 조화일까.

고개를 드니 멀리 소년원이었던 빈자리에 향토 야시장을 안내하는 애드벌룬 서너 개가 한가로이 바람에 나부끼고 있다. 그것을 바라보는 감회가 조금은 착잡하다.

세월은 언제나 우리를 한 군데에 머물지 않게 한다는 것을 빈 교도소 자리에서 생각해본다.

먹보의 눈물

외롭게 살던 할머니가 돌아가셨다. 아들들이 있지만 멀리 떨어져 있어 혼자 살던 노인은 먹보라 불리는 여인네와 살았었다.

귀가 잘 들리지 않아 먹보라 불리는 중년이 된 그녀는 자녀가 셋이나 있고, 남편이 있는 여자였다.

말을 할 때에는 큰 소리로 싸움하듯 해야 알아들었다. 그래서 사람들은 그를 아무개 엄마나 누구의 부인이라고 부르지 않고 먹보라 불렀다. 그렇게 불려도 그는 화를 내거나 탓을 하지 않았다. 어릴 적에 열병을 앓고 난 뒤부터 귀가 잘 들리지 않았다고 한다. 아마 많은 세월 동안 먹보라는 호칭에 면역이 되었거나 스스로 울분을 달래며 체념으로 살아왔을 것이다.

남편과 자식을 위한 그녀의 생활은 늘 나빴다. 파출부로 다녔고, 저녁이면 부업으로 레이스를 자르고, 틈틈이 동네

궂은일을 맡아했다. 남편은 술이 과해서 늘 취해 있었고, 아무 데서나 쓰러져 잠을 자기도 했으며, 동네가 시끄럽게 자주 싸움도 했다.

그런 속에서도 그의 세 아이들은 순하게 자랐고, 그래서 사람들은 살기 마련인가보다.

동네 수다스런 아낙네들이 그런 자식들에게 욕을 한다면 먹보의 흉을 보았다. 사람들은 그를 불쌍히 여기거나 동정을 하지도 않았다. 아마 그가 큰 소리로 상스럽게 말을 하고, 생김새가 억센 때문인지 모른다. 그리고 남에게 구걸을 하거나 동정을 바라는 일 없이 노동을 하거나 품 팔아 사는 모습이 억센 잡초같이 여겨져 기가 꺾여서였는지도 모른다.

그런 먹보네와 성품이 까다롭기로 소문난 할머니가 한 집에서 그냥저냥 사는 게 이상스러웠다.

노인이 죽자 멀리 떨어져 살던 아들들이 와 장례를 치렀다. 먹보는 노인이 죽은 후 서럽게 울었다. 그리고 노인의 아들들을 보고 생전에 한번이라도 더 올 일이지, 죽은 후에 오면 무슨 소용이냐며 죽은 할머니를 대변했다.

장례를 잘 치르는 일은 자기네 얼굴을 내는 일이고, 죽은 사람이 알기나 하겠느냐며 할머니와 삼계탕을 해 먹기로 했었다고 푸념을 했다.

고개를 들지 못하는 아들들이 그동안 고마운 성의를 표한다며 금일봉을 내밀었다. 그러나 먹보는 막무가내로 거절했다. 할머니를 도운 것은 인정으로 한 것이지 돈 때문이 아니라는 것이다. 그렇게 말하는 그녀의 억세고 못생긴 얼굴이 그토록 순수할 수가 없었다. 누가 보아도 고인의 아들이 내민 봉투는 먹보의 몫이 되고도 남는 것이었다.

머리로 계산하며 살아가는 요즘에 백천 마디 말로도 모자라게, 그는 인정이 무엇인가를 느끼게 해주었다.

먹보의 눈빛 앞에서 자꾸만 왜소해지고 고개도 들 수가 없다.

사람들은 외모로, 첫인상으로 인격을 판단한다. 그러나 인품을 알기에는 그러한 선입관은 아무런 도움이 되지 않는다는 것을 먹보로부터 배운 셈이다.

아름다운 외모를 지녔으나 마음은 그에 따르지 못한 사람들을 흔히 보아왔다. 그러나 먹보 같은 사람을 만나게 된 것은 좁기만 한 삶에서 진솔하게 만나는 신선한 충격이 아닐 수 없었다.

가까이에 두고도 스쳐버렸던 무딘 눈길이 이제야 가슴에 와 닿았으니 무심한 마음을 스스로 탓해본다.

막내와 굴비와 잠

날씨 탓일까. 몸이 거북하다. 조금만 움직여도 땀이 나고 정신이 흐리멍텅 불쾌하다. 잠이라도 푹 자야겠다고 다시 방바닥에 누워버린다. 그러나 얼핏얼핏 든 잠 속에서도 고물고물 기어 다니는 흐릿한 꿈들 때문에 머리만 잔뜩 무거워진 채 일어나 앉는다. 짜증만 피어오른다.

멍한 눈길로 창밖을 바라본다. 낮게 드리운 회색 하늘빛이 찌푸리고 있다. 파란 하늘, 쪽빛 같다는 하늘은 이제 서울 창공에는 없을 성싶다.

시골에서 보았던 쾌청한 빛깔을 본 적이 없기 때문이다.

부수수한 머리칼을 쓸어 올리며 마루로 나온다. 남편과 아이들은 겨우 시간에 대어 직장과 학교로 보내고 물에 젖은 해면처럼 엄습해오는 피곤 속에 방으로 와 누워버린 그 대가로 어질러진 집안 꼴이 하품을 하며 널브러져 있다.

머릿속에 땟자국이 잔뜩 낀 눈길로 집안을 천천히 돌아보니 마치 낯선 곳에 온 사람처럼 부엌 설거지, 빨래, 청소 그리고 읽다만 소설책….

손길을 기다리는 몸짓들이다. 빨리 움직여야 해. 마음속에서 소리치나 손끝 하나 움직여지지 않은 채 깊은 수렁 속으로 침잠해 들어간다.

지겨워, 일하기 싫어, 정말 싫어.

무수한 날을 똑같은 일의 반복으로 똑같은 양으로 아무 흔적도 없는…. 일어나는 반란의 소리에 귀를 기울인 채 머리를 파묻는다.

끝없이 밀려오는 밀물처럼 가슴이 서서히 저며 온다.

"엄마, 고기도 생명이 있어?"

아득한 곳에서 여섯 살 막내딸이 뛰어든다.

"으응…."

흐린 눈망울 속으로 다그치는 막내 목소리가 날아든다.

"고기도 생명이 있지?"

"그래, 있어."

심드렁한 대답에 막내가 손을 끌어 댓돌로 내려선다.

"저것 봐, 고기가 불쌍해."

손 안에 느껴지는 말랑한 고사리 손이 가리키는 기둥엔 며칠 전 시골에서 부쳐온 굴비가 두름으로 엮어져 매달려 있다.

"나, 이제 굴비 안 먹어."

"뭐야? 보리차에 밥 말아 굴비 찢어 먹는 게 제일 맛있다며?"

"그래도 안 먹을 거야."

막내의 맑은 눈동자는 애처로움이 어린 채 굴비에서 눈을 떼지 않는다.

"굴비가 죽을 때 얼마나 아팠을까? 얼굴이 다 달라…."

시무룩한 막내 목소리에 굴비에 눈길을 보낸다. 아닌 게 아니라 굴비의 죽어 있는 표정은 다채롭다. 입을 크게 벌린 것, 이를 악 문 것, 혀를 길게 뺀 것, 조금 내민 것, 입을 꾹 다문 것…. 갖가지 표정에 최후 순간들이 서려 있다. 그렇게 스쳐 지난 일이 막내 눈에 띈 것이다.

"그렇구나. 하지만 조물주가 잡아먹으라고 만든 거니까 먹는 거야."

"그래도 불쌍하잖아."

내가 생각해도 맥 풀린 설득은 막내에게도 먹혀들지 않는 눈치다. 무어라 해야 할까….

처음부터 잡혀 먹히기 위해서 태어나? 아니, 비정한 약육강식의 원리?

산다는 것이 무언가, 어디서 온지 모르게 와서 무엇인지 모르게 살다가 어디로 간지 모르게 간다는 우리의 인생. 나는 무엇이며 저 매달린 굴비는 무언가…. 자꾸만 심란해진다. 막내에게 시원한 말을 못해주니 더욱 심란하다.

끝을 알 수 없는 나락으로 가라앉는다. 눈꺼풀이 무겁다. 요람을 타는 흔들림 속으로 찜찜하게 켕겨오는 불투명한 목소리.

'엄마, 안 먹어. 불쌍해 굴비….'

파도를 타듯, 바람을 타듯 노랑·빨강·초록 점들이 몰려왔다 몰려간다. 어디에서 왔다가 어디로 가는 걸까.

나도 같이 파도를 탄다. 바람을 탄다.

누군가 옆에서 파고든다. 식은땀이 배어나고 미열이 있음을 의식한다. 겨우 눈을 뜨니 막내의 여린 손이 이마를 짚으며 눈썹을 모은다.

"엄마, 아파?"

"아니, 잠 좀 자는 거야."

"잠자는 건 죽는 것이지?"

'뭐야… 이 애가 오늘따라 왜 이러지?'

죽는 것이 잠자는 거라면 모르지만 잠자는 것이 죽는 것이라니 섬뜩해진다. 똑같은 단어가 뒤바뀌어 만들어내는 분위기가 이렇듯 달라져올 줄이야….

일어나야지. 할 일이 많은데 죽으면 안 되지. 여태껏 죽었으니 이젠 살아나야 한다. 현기증을 가누며 일어난다.

수돗가로 나오니 어느새 환한 햇살이 마당에 가득하다. 푸른 나뭇잎에 내리꽂히는 햇살만큼이나 몸 구석구석으로 아릿한 떨림이 온다.

찬물에 세수를 한다. 냉랭한 감촉이 찌르르르 퍼진다. 점점 맑아져 오는 정신 속에 푸푸 물을 끼얹는다.

"엄마…, 나 철이랑 놀다 올게."

어느새 막내가 대문을 나서며 소리친다. 그래, 너는 참 낮잠도 없다. 그러니까 죽는 것이 아니지. 혼자 중얼거린다.

박박 머리를 빗어 질끈 뒤로 묶고 일을 시작한다.

설거지, 빨래, 대청소 시작….

땀이 솟는다. 드디어 집안이 제 모습을 되찾는다. 빨랫줄의 하얀 빨래가 눈부시게 상쾌하다. 머리가 개운해진다. 뿌듯한 피로가 엄습해오나 정신은 한결 빛나는 은화처럼 맑아져 온다.

여태껏 불안하고 심란하던 마음이 이렇듯 상쾌한 이유는 무엇일까? 해야 할 일을 미룬 게으름이 빚어낸 병이었단 말인가. 그래서 할 일을 마치니 가뿐한가.

그럼 우리의 생이나 영혼도 마찬가지 아닐까? 게으름 피우지 않고 최선을 다하고 맞는 푹 쉬는 깊은 잠의 휴식. 그리고 난 다음 밝은 건강으로 다시 새날을 맞는 것처럼 전생

(前生), 금생(今生), 후생(後生)하는 것이 어제, 오늘 그리고 내일이 아닐까….

잠자기 전 하루를 반성해보듯 최후 임종을 맞을 때 굴비의 표정이 여러 가지인 것처럼 우리도 고통, 공포, 생의 애착, 미련 등으로 많은 갈등이 따르리라.

그러나 할 일을 다 마친 편안한 마음이고 싶다. 넉넉한 표정이고 싶다.

밤마다 죽었다 살아나는 일상처럼 우리의 생도 그렇다면 결국은 부지런해야 할 것임을 체험한 셈이다.

열어놓은 창으로 한 줄기 시원한 바람이 불어온다. 누군가의 말씀이 생각난다.

"하루 청청 마음이면 하루 신선이 된다."

이옥자

- 그 사람은 어디로 갔을까
- 검은 집시치마
- 내가 눈물을 흘린 커피 한 잔
- 21그램

이옥자_ 강원도 홍천 출생. 동국대학교 국문학과 졸업. 1990년 〈현대문학〉으로 등단. 한국문인협회 회원, 국제펜클럽 회원. ≪수필집 안개는 나를 유혹한다≫ ≪열대림≫ ≪요지경 열두마당≫ ≪슬픈 축제≫ ≪하얀집 그 여자≫

그 사람은 어디로 갔을까

<현대수필> 창간호의 표지화는 조명철 화백의 <도시의 새벽>이다.

그 그림을 받을 때 처음이자 마지막으로 나는 그 사람을 만났다. 그 후 나는 화가의 이름도 잊어버렸다. 그 시간, 그 날들은 거짓말처럼 날아가 버리고, 꿈의 잔영처럼, 오로라의 한 순간으로, '새벽의 도시'는 15년 동안 책장 깊숙이 박혀있다.

그 그림을 낯선 여자에게 선뜻 건네준 그 사람은 어디로 갔을까.

그림을 받아 들고 3층 계단을 날아갈 듯 달려 내려온 나는 지금 어디쯤 있는 것일까.

1992년 이른 봄 어느 날, 나는 온종일 거리를 헤맸다.

며칠 동안 마음은 서울 구석구석을 훑고 다니느라 지칠 대로 지쳐 있었다. 그러나 1920, 30년대의 순수문예지인 ≪백조≫와 ≪폐허≫, ≪문장≫을 생각하며, 문학과 문인 속에서 살 수 있다는 낭만적인 생각만으로 그 길을 재바르게 걸었다.

문학은 너무나 아득한 곳에 있어, 늘 가슴 깊은 곳에 통점으로 안고 살던 때가 있었다. 그러기에 그것은 고난이기보다 기꺼이 맞아야할 통과의례라고 생각했다. 채 몇 호를 내지 못하고 폐간된 근대 잡지들의 비운을 내 운명의 초석으로 생각하리만치 나의 열정은 시대를 망라하여 문학에 집중되어 있었다. 순수하다기보다 망상에 가깝도록 무모한 집착에 그것이 헛된 발길이어도 허망함을 몰랐다.

어디에도 답은 없었다. 그 길을 가는 사람들에게는 손쉬운 문제나, 그 근처에도 가보지 않은 나에게 표지에 쓰일 그림을 구하는 일은 난제(難題) 중의 난제였다. 그러나 그 일을 꼭 내가 해결해야 한다는 강박감에 짓눌리면서도 노천명과 모윤숙, 그리고 앞서간 여류들을 떠올리며 행복감에 잠들 수 있었던 것은 타고난 낙천성에 문학에 대한 무한한 경외감 때문이었다. 표지를 디자인한다거나, 문예잡지이기에 일정한 틀에서 벗어날 수 있다는 것도 모른 채 한 장의 그림을 구하는 일에만 몰두했다. 그 일을 대신할 사람도 없는 형편이었기에 막막함은 가중되었다. 내게 작품을 내어주리만치 막역한 화가도 알지 못하거니와 화가에게 알음을 넣을만한 인간관계가 형성되었을 리도 없는, 갓 문단에 나온 신인으로 잡지에는 초자(初者) 중의 초자였다.

황사와 함께 꽃샘바람이 꽃눈을 틔우고, 본문의 마지막 교정이 끝나가는 데도 그림은 확보되지 못했다. 그래도 표지에 대한 구상은 확실히 갖고 있었다. 모던하고 럭셔리 하며 임팩트 할 것 - 경험 없는 초보자로서 엄청난 꿈을 꾸고 있었다. 이해득실(利害得失) 없이 거창하게 부딪치고 보는 성격 탓일까. '무식이 용기'라는 말의 살아 있는 전설이라고나 할까.

그 무렵 나오던 3,4 종류의 수필잡지가 모두 동양화를 표지화로 사용하고 있었다. 나는 ≪현대수필≫만은 서양화, 그 중에서도 비구상이면 더 좋겠다고 생각했다. 그러나 그것은 한국수필의 특징인 서정성과는 거리감이 있는 것 같아 서양화 구상으로 생각을 굳혔다. 동양화라면 잡지사측으로 섭외가 들어온 화가가 있는 것 같았으나, 나는 다른 잡지와의 차별성과 구태의연한 수필 장르를 개혁하려는 잡지의 성격을 암시하기 위해서 서양화를 쓸 것을 고집했다.

주장한 바에는 책임이 따랐다. 그것은 원하는 그림을 어떤 방법으로건 구해 와야 하는 것이다. 강요는 물론이고 아무도 그에 대한 말 한 마디 없었으나, 그것은 내 몫으로 생각할 수밖에 없었다.

나는 자신 없는 일에는 스스로에게 최면이라도 걸 듯 약속부터 해놓는 습관이 있다. 문제가 어려우면 어려울수록 그 습관은 선언에 가깝도록 결의에 찬다.

"제가 표지화는 구하겠습니다."

잡지 발행인인 Y교수님께 말씀드렸다. 그 순간부터 나는 옴짝달싹할 수 없이 약속의 노예가 되고 만다. 약속은 자존심과 결부되므로 그 방법만이 나를 최선의 노력으로 이끈다.

해가 기울고 있었다.

마른 가지 끝을 지나 떨어지는 해가 유난히 붉은 저녁 무렵, 나는 서초동 사거리를 건너고 있었다. 노을을 등진 흰 건물 앞 횡단보도에서 무심히 올려다본 건물에 우연히 '화실'이라는 작은 간판이 보였다. 엉겁결에 시선이 머문 그곳에 무작정 들어가 보기로 마음먹었다. 낯가림이 심한 나의 어디에 그런 용기가 숨어 있었는지 지금도 아연해진다.

몇 층에 있는지도 모른 채 그 건물에 들어서 층계를 오르기 시작했다. 그곳이 확실히 무엇을 하는 곳인지도 모르고, '그림 한 장은 있겠지' 하는 막연한 생각만으로 3층의 화실 문을 두드렸다.

40대로 보이는 남자가 의아한 표정으로 문을 연다. 의외로 넓은 화실에 발을 들여놓는 순간, 나는 놀라지 않을 수 없었다. 그곳에는 완성된 작품과 미완성인 작품을 합해 40여 점 정도의 유화들이 사방에 널려 있었다. 그는 개인전을 앞두고 작업에 마지막 손질을 하고 있던 중이었다.

직장생활이라고는 전무한 이력의 내가 프로다운 섭외를 했을 리 없다. 그리고 어떤 조건도 제시할 수 없는 형편이었다. 일의 전모를, 그림이 절대적으로 필요한 까닭을 두서없이 짧게 설명했을 것이다.

말없이 내 얼굴을 꿰뚫어보던 화가는 낮은 목소리로 물었다.

"이 중에서 마음에 드는 작품은 있습니까?"

나는 벌거벗은 나무들이 보랏빛으로 깨어나는 도시를 바라보고 있는 작품 앞에 섰다. 6호 정도의 ≪도시의 새벽≫은 창간호와도 의미가 결부되고, 신비로운 색감이 나를 사로잡았다.

"그것은 나도 꽤 마음에 드는 작품입니다. 표구를 해드리고 싶으니, 이틀 후에 가져가세요."

창작의 혼불로 빚어낸 아들이며 딸인 자신의 작품을 무상(無償)으로, 처음 보는 사람을 따라 떠나보내며 오 화백의 말은 그것이 전부였다.

나는 "고맙다."는 한 마디와 창간호 20권으로 그 값을 표시했을 뿐이다. 그리곤 당당하게 계단을 내려왔다.

순수문학이라는 이름을 앞세워 염치없는 행동으로 창간호를 장식한 '도시의 새벽' – '순수'라는 어휘의 순수한 의미를 깨우치기에 그후 10여 년이 넘게 걸린 것 같다.

그 사람은 알고 있었을 것이다. '순수'라는 말은 한없이 아름다우나, 때로 그 명분은 얼마나 독선적이고 자신을, 인간을 고달프게 하는가를….

그때 내가 악센트를 주어가며 '순수문학'을 앵무새처럼 외워대던 외람된 모습이 너무나 어처구니없기에, '순수는 바로 이런 것'이라고 보여주듯 오 화백은 거침없이 실행에 옮겼던 것이 아닐까. 아니다. 그는 처음 보는 나에게 그림 한 점을 말없이 주었을 뿐이다. 현실적으로는 계산이 불가능한 순수한 마음만으로.

지금 그 사람, 그런 사람들은 어디로 갔을까.

불순한 욕망으로 들끓다 잠든 도시를 깨우려고 다시 찾아오는 보랏빛 새벽 같은, 그런 사람들은….

검은 집시치마

집시치마를 입는 날이면
여름에도 진눈개비가 풀풀 날리네
눈도 비도 아닌
개화도 낙화도 아닌
우우 우우
웃음도 울음도 아닌
질척대는 어떤 여자 푸념을 하네

거실 – 대체로 정돈된 편이야. 20세기 말, 내 허영을 대변하는 나무의자와 테이블은 늘 그 자리에서 상냥스레 손님들을 맞이하지. 둥근 식탁은 초록빛 술을 단 테이블크로스로 꽤 멋을 냈고. 오래 되어 감(感)도 흥(興)도 잃어버린 그림은 그 자리에서 외로이 방문객을 기다리며 늙어가네.

방 – 방문을 열고 들어서면 이곳은 딴 세상, 어지러울 뿐이야. 이리저리 쌓이고 널브러져있는 책과 옷가지들. 앉은뱅이책상과 누군가 쓰다 넘긴 낡은 노트북. 안에도 밖에도 사철 옷을 뒤섞어 걸어둔 채 외진 곳에서 우두커니 나를 바라보는 불쌍한 옷장이며. 그 옷장 깊은 곳에 검은 집시치마가 있다네. 마치 방랑의 혼령을 막으려는 부적인양.

거실과 방으로 완벽하게 분리되는 나의 양면성, 혹은 그 아이러니는 나를 의문의 소용돌이로 몰아넣곤 하지. 나는 이중인격자인가. 나는 마조히스트인가. 나는 위선자인가.

극과 극, 차가움과 뜨거움, 호(好)와 불호(不好). 일치되지 않는 두 개의 선이 팽팽하게 평행으로 달리는 나의 세계에서 혼돈의 중심에 있는 것이 바로 그 집시치마였어. 혼돈으로 혼돈을 끝내려는 것일까. 그리하여 카타르시스의 핵으로 남으려는 것일까. 30년이 지나도록 혼란한 이면에서 자신의 존재감을 슬쩍슬쩍 내보이는 한 점의 검은 집시치마는 바로 나의 리비도인지도 몰라.

내촌에서 딸 하나를 낳고 쫓겨난 여자는 무작정 서울행 버스를 타야만 했어. 악습이 달아준 험한 이력을 날려버릴 수 있는 방법은 그곳을 떠나는 길 뿐이었으니까.

지지리 복(福)도 없던 내 친구 복자(福子), 복음대로 복자로 살게 해달라고 기도하던 복자에게 '복자(福子)'는 현생에서는 이룰 수 없는 희망사항일 뿐이었나 봐.

석양 무렵이면 미루나무가 늘어선 교정 언덕에 이젤을 세워놓고 그림을 그렸지. 반은 곱슬머리에 희고 착한 얼굴로 느리게 말을 했지.

10여 년 후, 복자를 만난 건 남대문시장에서였어. 고막이 찢어질듯 확성기를 들이대며 줄줄이 호객을 하는 골목골목마다 놓인 가판대가 아니야. 그 시장에서 제일 번듯한 상가 2층에서 지나치는 나를 불러 세우는 사람이 있었어. 깡마른 몸매에 이목구비가 뚜렷하게 변모한 그녀, 복자였어. 맨몸이었으나 화가의 꿈이 밑천이 되었다지. 디자이너가 되어 양옥집 한 채 값인 매대를 두세 개나 갖고 있었어. 그녀 옆에는 머리를 뒤로 묶은 훤칠하니 잘 생긴 남자가 있었네.

"나하고 동거하는 사람이야. 영화배우지."

담배를 피워 물며 당당하게 말하던 복자, 나는 얼른 시선을 돌려 그녀 앞 매대에서 검은 색 집시치마를 집어 들었지. 흔들리며 방황하던 그녀 같은, 그러나 지금은 그녀의 불꽃 같은 열정이 레이스가 되어 마무리된 집시의 옷. 나의 허황한 상상은 이미 그 옷을 입은 채 집시의 무리를 따라나서고 있었지.

그녀의 영혼도 이미 집시가 되어 먼먼 방랑의 길을 떠나려 했나봐. 그녀를 닮은 그 남자와 홍콩으로, 도쿄로, 밴쿠버로 한없이 떠돌더니, 내촌이 그리 멀지 않은 강촌으로 돌아와 이 세상마저 떠나 버렸어.

그러나 그녀는 누구도 누릴 수 없는 복을 한 아름 안고 있었는지도 몰라. 죽는 날까지 곁에 그 남자가 있었으니까. 마지막까지 그녀의 운명이 따듯하게 흘러갈 수 있었던 것은 그 남자의 사랑 때문이었을 거야. 카르멘에게 돈 호세가 있었던 것처럼. 에스메랄다에게 종지기 콰지모도가 있었던 것처럼….

그렇게 풀풀
진눈개비가 내리는 날이면
맨발의 나 집시치마를 꺼내 입고
먼지 낀 차들 주룩주룩 눈물을 흘리는 터미널
머리칼을 날리며 완행버스에 오르리
가다가 멈춰선 낯선 읍내
담배와 낮술에 젖은 좌판으로
프로이센의 족속들 속속 모여들어
춤추고 노래하는데
…
…

안달루시아의 영혼이 서린 세비아의 밤.

클럽에 모여 앉은 사람들이 눈물을 흘리네.

붉고 화려한 조명 아래서 플라멩코를 추는 무희들, 사람들은 그 무대를 바라보며 울고 만다네. 한 쪽 귀에 붉은 꽃을 꽂은 무희들이 격렬하게 발을 구르며 춤을 추면 출수록 남자들은 기타를 치며 더욱 진한 피를 토할 듯 한스런 목소리로 노래를 부르지. 춤이 정지된 모습은 붉고 도도한 플라멩코 새를 닮았지만, 이어지고 이어지며 집시의 슬프고 고된 삶을 그리고 있어. 캐스터네츠와 부채를 든 무희의 춤과 겹겹이 한을 실은 서글픈 노래에 담긴 삶의 애환은 바로 나의 것이리. 명징한 내 그림자가 바로 거기 있었네.

처음이나 처음 같지 않은 풍경과 노랫소리, 뜨거운 눈물까지…

전생에 나는 그곳 작은 클럽에서 플라멩코를 추는 무희였는지도 몰라. 검은 집시치마는 그 생에 나를 감싸고 무대에 올랐던 것이었는지도 모르지.

그러기에 바람이 불거나 진눈개비가 풀풀 날리면 깊은 옷장 속에서 슬며시 걸어 나와 떠날 채비를 시작하나 봐. 유랑하는 집시의 무리를 따라 떠나자고 무언(無言)의 몸짓을 던지는 것은 아닐까.

30여 년 동안이나 또 하나의 심장으로 새겨진 검은 집시치마— 방랑의 혼령으로 자유롭게 떠나려는 내 안의 결의서가 거기 있었네.

내가 눈물을 흘린 커피 한 잔

어느 해 봄 저녁 무렵, 창이 큰 커피숍 앞을 지나가다 나는 눈물을 흘린 적이 있다.

창문 하나를 사이로 어둠이 묻어오는 거리의 지친 걸음들과는 다른 세상이 그곳에 있었다. 길게 여민 커튼 사이에 놓인 테이블에 두 여자가 앉아 이야기를 나눈다. 인생의 아픔 같은 것은 잊었거나 잠시 유예된 듯한 풍경, 그들을 가둔 아늑한 불빛 때문인지, 그들이 마시는 커피는 더 향기롭고 따뜻하며, 그들은 한없이 행복할 것 같았다.

어쩌면 멀어져 가는 젊음에 대한 아쉬움이 내 발길을 붙잡았는지도 모른다. 그러나 내가 눈물을 흘린 이유는 그 시간 그 장소에서 그들은 웃으며 커피를 마실 수 있고, 나는 어디에서도 마음 편히 커피를 마실 수 없기 때문이었다. 어쩌면 나는 그 아름다운 시간을 영원히 놓아버려야 할지도 모른다는 생각에 이르자 하염없이 눈물이 흘렀다.

그때 나는 어려움에 처해 있었다. 그것은 전혀 예기치 못한 일이었기에 우리 가족은 놀라 허둥대기만 했다. 문제는 현실의 한가운데서 실타래처럼 꼬여 가는데, 그동안 내가 귀중하게 생각했던 것과 의미들은 무기력하게 침묵할 뿐이었다. 현실적인 일들이 생존의 문제라면, 생존에 필요하지 않은 것을 우리는 흔히 '문화'라고 한다. 나는 이제 문화적인 생활과는 이별하고 생존의 문제 앞에 공손히 머리 숙여야 했다. 이렇게 생각할 때, 내 생활에서 '생존에 필요하지 않은 것들' 중에서 대표적인 품목이 커피였다.

커피숍 창문 옆 테이블의 커피 한 잔 -그들이 행복해 보이는 만큼 나의 불행은 앞질러 올 것 같았고, 그 절망감이 나를 울게 했다. 그만큼 나는 커피 마니아였다.

다방 커피에 담배꽁초를 섞는다는 보도가 나돌던 1970년대 초, 명동에 처음 문을 연 커피전문점 '포엠'은 짙은 커피향과 함께 '킬리만자로' '블루 마운틴' '비엔나' 등의 전문용어의 메뉴로 우리에게 이국적 동경심을 불러일으켰다. 벽면 가득히 세계 곳곳의 커피 잔을 모아 놓고, '생존에 필요 없는 것들' 중의 대표 격인 '포엠(시)'을 상호(商號)로 사용하던 곳이다.

뒤이어 생긴 종로의 '반줄'은 조금 넓은 공간인데, 실내탁

자마다 장미를 꽂던 유일한 곳이었다.

버스표 한 장을 아끼려고 몇 정거장이나 걸어 다니기는 예사이던 시절, 강원도 시골 출신의 여학생이 다방의 두 배의 커피 값 때문에 누구나 쉽게 갈 수 없던 '포엠'과 '반줄'의 커피를 즐겨 마셨던 것은 '생존에 필요 없는 것들'을 중시하던 나의 비현실적인 습성 때문이고, 이러한 습성에 부채질을 한 분은 나의 아버지다.

아버지는 딸만 넷을 둔 농부이며, 군내 곡물 상인이었다. 병환 중인 어머니가 늦둥이로 낳은 내게 젖도 먹일 수 없어 나는 젖배를 곯아 허약하고 먹성도 좋지 않아, 청소년기까지도 약질로 자랐다. 어머니도 일찍 돌아가셔서, 안쓰러워하는 아버지의 마음은 어디건 나를 따라 다녔다. 그 중에서 음식을 잘 먹지 않는 일이 가장 큰 걱정이었다.

그런데 그 걱정은 언제부터인가 아버지에게 야릇한 자긍심으로 자리 잡기 시작했다.

내가 대부분의 시골아이들이 갖는 '먹는 일'에는 전혀 관심이 없고, 책을 즐겨 읽는다는 것. 콜라가 처음 나왔을 때, 사람들은 코뼈가 저리다며 입도 못 대는 것을 눈도 깜짝 하지 않고 단숨에 한 병씩 마시는 일. 쓰디쓴 커피를 하루 몇 잔씩 마시는 습관….

먹고사는 일이 전부이며 전념해야하는 시골생활에서 아

버지는 내가 시골아이들과는 다른 면을 갖고 태어났기에 그들과는 달리 살아갈 것이라고 믿기 시작했다. 그러기에 내가 커피를 좋아하는 일은 아버지의 자존심이 걸린 문제였다. 방학이 가까워지면 아버지는 읍내 중심가의 그릇가게에 가서 "우리 딸이 워낙 커피를 좋아하는데 깨끗한 색으로 커피 잔 한 번 내놓아 보라."며 커피세트를 샀다. 식품점에서도 비슷한 얘기를 풀어가며 커피를 직접 사셨다.

'다방커피 사건'은 이런 아버지 사랑의 결정판이다.

방학을 맞아 고향에 내려가면 나는 늦잠을 잔다. 그 날도 늦게 일어난 나에게 아버지는 "커피 한 잔 해야지?" 하셨다. 집에서 준비된 것을 마시겠거니 싶어 웃음으로 대답하니, 아버지는 전화기 앞으로 다가갔다.

"서울에서 우리 딸이 왔으니, 커피 두 잔 마담이 직접 갖고 오시오."

다방에 드나드는 신식 아버지도 아니고, 누구에게 한 턱 쓰는 호탕한 성격도 아닌 아버지가 우리 집 앞에 있는 다방에 커피를 시키는 일은 전무후무한 일이었다.

내가 집의 커피를 마시면 된다고 하자, 아버지는 "집의 것은 맛이 없으니, 우리 시켜서 마시자. 아니면 세수하고 다방에 가서 마실래?" 하셔서 다시 한 번 나를 놀라게 했다.

마담이 웃으며 보온병을 들고 와서 한 잔 따르자, 아버지는 내게 먼저 주라고 손짓을 했다. 다음 잔을 받아 마시며 "커피만 마시고 살다시피 하는 우리 딸이 먹기에 커피 맛이 어째 시원찮다."며 은근히 마담에게 내 자랑을 하신다.

"서울 사람들이 깔보지 않도록 좋은 것 먹고, 옷을 깨끗이 입고 다녀야 한다."

다방 커피를 시켜 마시며 아버지가 내게 남긴 간결하고 명료한 말씀이다.

생존에 필요한 것만을 위해 필사적으로 살아온 아버지가 딸에게만은 생존에 필요 없는 것도 음미하며 살 것을 당부하기 위해 마련했던 그 날의 티타임.

요즈음도 나는 아담한 커피숍 앞에서는 발길을 멈춘다.

행복하지 않은 사람들은 마음 놓고 찾을 수 없는 곳. 창가 테이블에 앉아 커피 잔을 앞에 놓고 담소를 나누는 사람들…. 어느 거리에서나 결코 생존에 필요하다고 할 수 없는 커피 한 잔을 매개로 꿈처럼 천국처럼 밤의 물결을 부유하는 아늑한 공간.

우리는 그 공간을 언제라도 찾아갈 수 있기 위해서, 한 잔의 커피를 여유 있게 마시기 위해서, 문화라는 이름의 천사의 속삭임을 향유하기 위해서, 지천으로 꽃잎이 날리는 봄밤도 마다한 채, 생존게임에 몰두하고 있는지도 모른다.

21그램

사랑의 무게는 얼마일까.

미움의 무게는 얼마일까.

용서의 무게는 얼마일까.

폭양에 허덕이던 여름이 떠날 준비를 하던 그 해 어느 날.

낮잠에서 깨어나 보니, 집안이 텅 비어 있었다.

지루한 초록의 숲을 지나온 바람도 잠을 자는지, 한껏 달아오른 태양만 깊은 그림자를 만든다. 사람들은 어디로 간 것일까. 개 짖는 소리, 장닭의 긴 울음소리, 먼 길을 지나는 누군가의 발자국 소리조차 들리지 않는다.

정지된 공간과 정적 속에서 나는 미아(迷兒)가 되어 있었다. 어쩌면 몇 만 년 시간의 협곡에 새겨진 화석이거나, 갑자기 지구로부터 분리된 행성에 혼자 남겨졌을지도 모른다는 생각이 짧게 머문다. 신비감은 잠시, 두려움 속에서 외로움이 밀려들기 시작한다.

인간은 고독 속에서 본능과 친밀해진다. 가슴속 허허로운 바람은 심장과 허파, 위장을 거쳐 뼛속까지 파고들어 갈증과 허기로 남는 것인가.

나는 어둑한 부엌 툇마루에 앉아 밥을 먹기 시작했다. 음식의 미각에 젖어 공복감을 해결하는 습관적 동작은 외로움을 잠시 유예시킨다. 생각 없이 꾸역꾸역 서너 차례 밥을 먹고 다시 밥을 뜨다가, 갑자기 숟가락을 놓아버렸다.

가슴에서 수천 킬로그램의 돌더미가 무너져 내리며 어두운 동굴이 하나 펑 뚫리는 소리- 은밀하고 둔탁한 통증은 잠시 나의 좌뇌 우뇌를 마비시켰다. 한 순간 빨간 우체통이 가슴 깊이 멈춰 선다. 오지 않는 편지, 오지 않을 편지가 아주 먼 길을 만들고… 막막함이라는 아득한 절망의 아픔을 경험한 여름이었다.

그리스인은 흉선(胸線)을 '영혼의 자리'라고 한다. 심장의 앞면에 있는 희고 부드러운 이 장기는 감정을 유발하는 호르몬류를 생성하기 때문에 가슴샘, 횡샘이라고도 한다. 그러나 청년기를 지나며 흉선은 말라 줄어들기 시작한다. 그리스인은 이때를 기점으로 영혼이 죽어간다고 한다. 감정이 사라진 인간은 존재로서의 의미를 상실한다는 것을 그들은 이미 깨닫고 있었다.

인간의 영혼은 21그램에 불과하다.

남자와 여자, 젊은이와 늙은이, 부자와 빈자, 누구라도 죽음 직후에 사체를 초정밀저울로 재어보면 죽음 직전보다 21그램이 줄어있다고 한다. 이것은 영혼이 그의 몸에서 분리되어 떠났기 때문에 생긴 현상이므로, 인간의 영혼의 무게는 21그램이라고 한다.

장미꽃 세 송이, 소고기 두어 조각, 아이스 바 한 개의 무게에 불과한 우리의 영혼. 그것은 감정을 담고 있기에 수십 톤의 사랑과 분노로 출렁이고, 생명의 힘겨움에 허덕이는가 하면, 수천 킬로그램의 아름다움을 창조한다.

불가사의하게 자리 잡은 흉선의 기능으로 우리는 늘 흔들린다. 매일 잘못하고 반성하고 후회한다. 그런 갈등은 미세혈관을 확장시키고, 작은 감정에도 민감해져 또 흔들린다. 흔들림은 살아있음의 증거다. 그러기에 흔들리는 인간이 아름답다. 그는 번민 속에서 변화하고 변신할 수 있다. 천수천왕에게 천 개의 손이 있는 것은 그 손이 모두 인간을 구제하기에 필요하기 때문이다.

세상에서 가장 빠른 것은 사람의 기억력이다. 그것은 소리나 광속보다도 빨라, 수십 년 전의 일을 찰나에 우리 앞에 갖다 놓는다.

하루에 지나가는 3천 개의 이미지 중에서 선명하게 의식의 표면에 떠오른 빨간 우체통이 아무 것도 아닌 사람으로부터 오지 않을 편지를 기다리다가, 허무라는 절대의식을 치르게 된 것도 그리스인이 말한 횡선의 작용이 활발한 시기였다. 이제 내 가슴에 그때의 통증은 다시 일지 않는다. 순수를 잃어버린 감성에 막연한 기다림은 낯선 추억이 되어 버렸다.

그러나 쇠락한 횡선을 살리고 싶다. 가슴에 '영혼의 자리'가 있는, 그런 사람이고 싶다.

21그램의 영혼에 실린 2천 킬로그램의 사랑과 3천 킬로그램의 미움, 4천 킬로그램의 용서까지도 가능한 감정이라는 불가항력, 그것에 정직하게 다가설 수 있는 사람이고 싶다.

그때, 나는 21그램 무게의 진실을 느낄 수 있을 것 같다.

남기연

그림과 수필

- 컴포우즈 블루에서 울트라마린 블루까지

1990년 〈현대문학〉으로 등단. 한국문인협회 회원, 가톨릭문인회 회원, 수필문우회 회원, 현대문학 수필작가회 회원

148··· 현수회
아름다운 사람아

컴포우즈 블루에서
울트라마린 블루까지

1989년 「현대문학」사에서 부설 「현대문예대학」을 개설했다.

나는 수필반에 등록했고 윤재천 교수님을 처음으로 만나게 되었다.

숙제로 들고 간 나의 미숙한 원고를 읽어 보신 후,

"좋아요, 아주 좋습니다.

앞으로 열심히 쓰면 좋겠어요"

라고 부드럽고 정중한 태도로 격려해 주셨다.

벌써 21년이나 지나버린 날의 아련한 기억이다.

그 후, 대학에서 보직을 맡은 교수님은 바쁜 일정 때문에 수필 강의를 그만 두셨다. 1991년 나는 「현대문학」 지에 작품을 응모해 추천을 받게 되었고

심사위원 중 한 분이 윤 교수님이었다는 사실을 나중에야 알게 되었다.

이후 대학에서 정년퇴직을 하신 교수님은

그동안 계획해 오셨던 수필전문지 「현대 수필」을 창간하셨다.

지난날을 되돌아보니 선생님 인생의 변화기마다 그 가까이에 나도 항상 있었음을 새삼 깨닫게 된다.

젊음이 지나가니 인연의 소중함이 보이고
수필을 놓아 버리고 그림을 그리고 있으니
수필이 그리워진다.
오늘, 내가 선생님의 아주 오래된 제자였다는 것을 알아차린 후
캔버스 앞에 앉아 본다.

맑고 부드러운 컴포우즈 블루와
깊고 신비한 울트라마린 블루로
하늘인 듯, 바다인 듯, 바다 밑 아득한 심연인 듯
그 경계가 자유로운 한 영혼을 위해 그림을 그린다.

그리고 산수(傘壽)를 맞이하시는 선생님께 말씀드리고 싶다.

"좋아요, 아주 좋습니다.

앞으로도 지금 모습대로 건강하시면 좋겠어요"라고.

김정택

• 봄의 시련과 희망

• '낯설게 하기'에 대한 성찰

• K호텔 계단의 아이러니

• 작품 기증과 착심(着心) 떼기

김정택_ 본명 김순택. 제주산. 의사(제주 세종의원). 현대문학 수필등단(1992). 한국문협, 제주문협, 제주수필문학회, 현대수필문학회, 원불교문인협회 회원. 국민포장 류준학술상 덕산문화상 수상. 수필집 ≪제주사람 육지사람≫ 외.

봄의 시련과 희망

말머리를 틀거나 편지글을 시작할 때는 날씨 이야기가 최고다. 날씨에 민감했던 마크 트웨인은 날씨와 문학을 연관시켜 말하기를 좋아했다. 그는 문학적인 특수한 소재로 삼았다. 그래서 날씨에 대한 글을 훌륭하게 쓸 수 있는 사람이 정말 훌륭한 글솜씨를 가진 사람이라고 생각했다. 나도 봄을 주제로 글 한번 써보려고 벼르다가 짧은 봄날을 금새 보내고 말았다. "우물쭈물 살다가 내 이렇게 될 줄 알았지." 란 조지 버나드 쇼의 묘비명이 생각난다.

지난 봄은 봄 같지 않았다. 봄이 오는가 했더니 늦봄까지 유난히도 눈이 자주 내렸고 추위가 들쭉날쭉 했다. 이상저온 현상이 한 달 가까이 지속되었다. 황사가 몰려오고, 날씨마저 변덕스러웠다. "이놈의 날씨가 왜 그러지?" 따지고 싶었다. 봄의 모습을 보고, 봄의 소리를 들으며, 봄의 촉감과 냄새를 잡고, 봄의 맛을 느끼고 싶었다. 봄노래를 부르고 싶었고, 바깥나들이를 자주 하고 싶었다. 틈나는 대로, 들로 산으로 쏘다니면서 온 몸으로 봄을 맞이하고 싶었다. 봄에는 몸에 이로운 글을, 미움을 녹여 사랑을 만들 수 있는, 용기를 북돋아줄 그런 글을 쓰고 싶었다. 미움을 녹여 사랑을 만들 줄 아는 마음 밭을 일구고 싶었다. 넉넉하게 추수할 수 있게 희망의 볍씨를 뿌리고 싶었는데….

작년 오뉴월은 또 어떠했나. 오월 열기는 울화처럼 치밀었다. 유월은 또 한여름처럼 더웠다. 이윽고 장맛비가 하염없이 내리고, 스산하고 음산한 날씨가 계속됐다. 이런 봄날들이 있었을까. 이렇게 사람의 몸은 요망스러워 불과 섭씨 몇 도의 기온 차이에도 심한 감정의 기복을 드러낸다. 그럼에도 불구하고 기다리던 봄, 나는 봄을 기다리며 움츠리고 살았다. 생업도 그저 해오던 바라 어쩌지 못하고 버티고 지냈다.

산수유, 개나리, 진달래, 벚꽃, 라일락이 차례로 꽃망울을 터뜨리다가 올 봄에는 동시에 꽃망울을 터뜨렸다. 처음 있는 일이었다. 집중호우가 일고 제주도의 연평균 기온은 1.6도 오르고 있다. 지난 30년간 제주도의 겨울은 24일 감소했다. 아니 겨울이 없었다고 한다. '봄, 가을이 실종됐음'을 체감한다는 얘기도 무리는 아니다. 9일간 평균기온이 5도 이하로 내려가면 겨울로 간주하는데 최근 10년

(2000~2009년)에는 그런 일이 없었다. 아, 겨울이 없이 10년 동안을 지냈다니!

그리고는 이내 여름이었다. 마침내 제주도에도 봄이 사라진다는 끔찍한 소식이었다. 꽃이 피어나고 나무에 새순이 솟는다고 봄이라 부르기 진정 난감하기도 처음이다. 낮기온이 25도를 육박하는데, 봄이라면 말이 안 된다. 새싹이 잠깐 움트는 듯 하다가 어느새 녹음이 돼버렸다. 봄이 없는 계절을 뛰어넘어 그냥 여름으로 진행되어 버렸다. 사람은 감각적이고 감정적이기 쉽다. 눈앞의 유익을 찾는 게 당연하다고 여긴다. 그러니 나는 겨울 지나면 봄이 온다고 공연히 기다린 것이다. 겨울 다음은 그냥 여름이었다. 이제 봄은 없다.

그런 날씨 변화를 어찌하랴! 목우십도송(牧牛十圖頌)에 방거수래(放去收來)라는 말이 있다. 가는 것은 어쩔 수 없지만 오는 것은 챙길 수 있다는 것이다. 사물은 다 지나가는 것이다. 우주의 모든 것들은 회자정리의 섭리에서 벗어날 순 없다. 색이 즉 공이요 공이 즉 색인 것이다. 그러면 식물도 바다물고기도 언젠가 이쪽에서 저쪽으로 가버리고 만다. 그러나 갈 때를 염려해 오는 것을 두려워할 필요는 없다고 생각한다. 내게로 온 것들에 최선을 다하고 사랑한다면 될 일이다. 꽃들이 짧았던 봄이지만 전심전력으로 현재를 몰입하

듯 우리도 그랬으면 좋겠다.

제주는 우리나라 전형적인 기후인 온대와 4계절 형태에서 이미 벗어났다. 온대에서 열대로 전환되는 과도기 형태의 기후라고 한다. 아, 그러면 해수면이 올라 물에 잠기고 있는 남태평양의 작은 섬나라 투발루와 비슷해질까. 하늘이 무너질까, 기나라 사람의 걱정[杞憂]인가.

네 계절이 뚜렷했던 제주도에 봄이 없어지고 바로 여름이 오고 말았다. 봄날은 본시 추위를 누그러뜨리고, 다가올 폭염 앞에 뭇 생명의 온도를 미리 데워주는 계절이었다. 이제부터는 봄은 겨울과 여름 사이에 묻혀버리고 가을은 흐지부지 하다가 겨울로 들어가 버릴 것이다. 봄과 가을이 사라지고, 따뜻한 겨울과 긴 여름이 온다. 여름은 곧바로 겨울로 이어진다. 하지만, 부질없는 갈망과 기약 없는 춘하추동, 막연한 기대일망정 우리는 봄을 외면해서도 희망을 버려서도 안 된다.

이 모두가 급속한 공업화와 도시화, 대량생산과 자동차 문명에 의해 갑자기 이산화탄소의 농도가 튀어 오르면서 생긴 결과라고 한다. 이산화탄소는 지구 온난화를 낳는 7개 기체의 하나이다. 지구는 인간들이 욕망 충족을 위해서 내버린 온갖 쓰레기들을 껴안고 이미 너무 큰 상처를 입었다. 편안한 삶을 누리다가 얻은 공동업보가 아닌가.

그러니 일상의 안락을 조금은 포기하겠다는 결단이 필요하다. 석유소비량을 줄이자. 자동차를 타지 말자. 사육을 먹지 말자. 나무를 많이 심자. 우리 지역 농산물을 이용하자. 음식을 남기지 말자. 전기사용량을 줄이자. 물을 덜 쓰자. 이렇게 하다 보니 "덜 개발하고, 덜 만들고, 덜 쓰자."는 경산종법사님의 말씀이 현답이다.

물론 사계절이 궁갑 가르듯이 나눠지는 것은 아니다. 음양의 속성이 서로 통하고 서로 합한다. 음과 양의 두 기운이 서로 밀고 밀어서 순환하는 법이다. 봄은 극이 극으로 통하는 아름답고 짧은 간절기이다. 겨울은 음(陰)이 성할 때이지만, 음 가운데 양(陽)이 포함되어 있으므로 양이 차차 힘을 얻어 마침내 봄이 되고 여름이 된다. 여름은 양이 성할 때이지만, 양 가운데 음이 포함되어 있으므로 음이 차차 힘을 얻어 마침내 가을이 되고 겨울이 된다.

봄이 짧기로는 벚꽃일 터이다. 화사하게 활짝 피었다가 화려하게 끝을 맺는다. "전농로 길을 따라 피고 지는 벚꽃들아/ 한 잎 두 잎 떨어지매 봄이 와락 그립건만/ 시절이 거짓 아니매 지는 대로 보리라." 아무리 짧더라도 꽃 안 피우고 지나나 보자. 이제 봄은 없다지만, 봄을 도로 찾아오기는 가능하다. 하지만, 봄을 찾으러 나가는 발길이 너무 늦지 않기를 바란다.

'낯설게 하기'에 대한 성찰

곳곳에 '낯설게 하기'가 극성이다. 쉽게 보이거나 평범한 것은 무시되고 있다. 사람들이 그저 톡톡 튀거나 강렬한 느낌을 주는 것만 좋아한다. 성공의 코드가 '낯설게 하기'인 것 같다. 익숙한 이미지를 낯선 이미지로 바꾸자는 것이 시대 조류이다. 낯이 익으면 대하기가 편할 법한데, 고의적으로 낯설게 보고 낯설게 만들어보자고 한다. 문학에서도 밋밋한 일상적인 내용으로는 글 읽는 재미가 없으니 참신한 소재를 참신하게 해석하고, 참신하게 표현(형상화)하자는 것이다. 나로서는 낯설게 하기가 참 낯설다.

'낯설게 하기' 기법은 문학 속에서보다 어쩌면 인간의 삶에 이미 다가서 있다. 여자들이 미장원에 다녀오는 것도 자신을 낯설게 하면 사람들이 새롭게 볼 것이라는 기대가 있기 때문일 것이다. 그런데 남편이 그 변화를 눈치 채지 못하면 부인이 분노한다. 여자들은 자신의 아름다운 본질에 대해 새롭게 인식해주기를 바라고 치장하건만, 남편이 낯설게 볼 줄을 모르면 부인에 대해 별 관심이 없다는 것인가, 섭섭해 한다.

아무나 보는 시선으로는 재미가 없다. 낯익은 것에는 관심이 없고 권태롭다. 낯익은 것은 이미 알고 있고 익숙하기 때문에 진부하다고 한다. 그래서 '동네처녀를 안 알아준다'는 것인가. 새로움을 추구하는 욕망은 아마도 인간의 속성인 것 같다.

낯익은 풍경들도 사라지고 있다. 시골이 도시화하여 하루가 다르게 달라지고 있다. 순수한 낯설음은 물리적으로 해야 더욱 선명하게 드러난다. 가령, 홍난파의 <옛 동산에 올라>에서는 '그 큰 소나무'가 베어지고 없다. 그러나, 큰 소나무가 있던 낯익은 풍경은 큰 소나무가 베어진 낯설음으로 보일 때 비로소 음악과 문학의 배경으로 들어온다. 음악과 문학을 배제한 '옛 동산'은 너무 삭막하다.

요새 유행하는 '낯설게 하기'란, 일상적으로 친숙하거나 반복되어 참신하지 않은 사물이나 관념을 특수화하고 낯설게 하여 새로운 느낌을 갖도록 표현하는 것을 이르는 듯하다. 이미 습관이 된 지각을 낯설게 만들어 가는 것이 예술이라고 한다. 말하자면, '낯설게 하기'는 지각을 새롭게 함으로써 문학적 체험과 인식의 시간을 늘리고, 감동의 양과 질을 증진시키려는 표현전략을 통틀어 말하는 것 같다.

하지만 좋은 점만 있는 것은 아니다. 낯선 것이 반복되다 보면 곧 낯익고 권태로워진다. 낯섦과 낯익음의 연결고리가 생기고 낯선 단위는 점점 높아진다. 요즘 젊은이들이 자연에 대해 감동 없는 인간으로 자라고 있는 것도 낯섦으로써 서정성이 사라지고 있는 까닭이 아닐까. 이들은 오로지 새로움을 추구하는 욕망만 크다. 그래서 점점 새로운 짓, 희한한 짓, 낯선 짓을 하려고 한다.

낯선 언어에 익숙해 가면 우리말은 저급한 언어의 자리로 밀려나간다. 가령, 드라마 '커피프린스 1호점'은 핸섬하고 프리티하며 스마트한 주인공들이 펼치는 로맨스라고 말한다. 동네 '제빵사' 점원은 촌스러워 보이고, '파티셰' 정도는 되어야 톱클래스 호텔에서 브레드를 메이킹하는 사람이라고 표현한다. '중매쟁이'보다는 '커플매니저'가 나아 보이고, 기성세대에 낯설고 쪼잔한 더치페이가 젊은이들 사이에는 익숙하다.

흥미 본위로 엉뚱하게 본뜻을 전달하려다 보면 오해가 생길 수도 있고 난해하여질 우려도 있다. 무슨 방법으로든 독자들의 관심을 끄는 일이 중요하다면, 낯설게 하기도 결국 뻔하고 평범한 내용이나 표현을 피하라는 말이 아닐까. 마침내 이야기 부풀리기, 이것저것 너절너절 주워담기, '뻥튀기'를 권장하게 된다. '뺑을 잘 까서' 유쾌한 감동을 유발하고, 신비한 언어 조합으로 사람들의 마음을 휘어잡는 작가들이 부럽다. 과연 옳은가.

'낯설게 하기' 기법이 창작을 권면하는 큰 역할에도 불구하고 한계를 보여 준다. 낯이 익으면 대하기가 편할 법한데 고의적으로 낯설게 보고 낯설게 만들어보자는 것이라면 도대체 그 목적은 무엇인가. '낯설게 하기'가 독자의 확보에 있는지, 낯섦과 익숙함 사이를 오가기 좋아하는 사람들의 습성을 겨냥해 관심을 끌고자 함인지 알 수 없다. 낯익은 대상을 어떻게 배제하고 낯설게 할 것인가라는 방법상의 문제도 작은 일이 아니다. 일상을 낯선 시각으로, 평범함을 새로운 각도로 들여다보고 해석하여 새로움과 싱싱함을 끌어내는 작업이라니….

어쨌든 오늘 내 자신에 대한 성찰이 필요함을 느끼게 되었다. 누구나 세월이 가고 날이 갈수록 익숙한 것들 속에 살게 되지만, 나는 낯선 새로움을 만들기 위해서, 낯설고 새로움을 견디기 위해서 더욱 애써야 한다. 늘 눈앞에 보이던 익숙함으로 상대를 가벼이 대하던 것이 어리석었고 잘못했다. 내 곁에 존재하는 낯익은 이들에게 낯설게 다가서자. 반복되는 일상으로 무심코 지나쳤던 낯익은 이들로부터 새로움을 발견하고 심드렁하게 지내왔던 과거에서 탈출해보

자. 낯익게 대했던 만큼 새로운 관계의 변화를 선물로 나눠야 한다. 익숙하지만 진부하지 않고, 낯설지만 생소하지 않게 하는 것이 곧 '낯설게 하기'의 관계 미학(美學)이 아닐까 보냐.

K호텔 계단의 아이러니

계단이란, 공간의 고저차를 극복하고 연결시켜 보행자가 안전하고 효율적으로 이동하기 위한 시설이다. 그러나 계단을 오르내릴 때는 조심할 일이다. 안드레아 팔라디오(1508~1580)는 계단이 심미적인 요소이면서 안전사고가 일어나는 위험한 장소라는 양면성을 지적했다. 그는 계단의 다원성을 가장 먼저 이해하고 계단에 대해 가장 많이 고민한 건축가였다. 그는 계단을 이동 통로로서의 기능성과 중심공간으로서의 상징성, 사용자의 형태 등 복합형식으로 파악했다.

이제는 누구나 많은 층계를 밟고 오르며 산다. 아니 한 층쯤은 날마다 계단을 이용한다. 엘리베이터가 도입되자 거기에 소모되는 '전기를 아끼자'가 옳은지, '계단을 이용합시다'가 옳은지, 그 계단이 승강기에 부설된 특별피난계단인지 되새겨야 한다. 한 층쯤은 계단을 이용하겠다는데 고객들의 편견으로 볼 것인지 아니면, 고객을 배려한 자비의 증거로 엘리베이터를 봐야 할지 때론 어리둥절하다.

제주 KAL호텔은 여러 면에서 제주도에서 손꼽는 호텔인데 이곳에서 얼마 전 대리석 계단을 헛디뎌 되게 다쳤다. 잔칫날이어서 난간(손잡이) 쪽은 북적였고 올라오는 분이 없어 난간 없는 쪽으로 내려가다가 그 '모냥'이었다. 물론 나의 실수도 있을 것이다. 계단이 반원형으로 점점 넓어지다가 막판에 직선으로 되어 넓은 계단 디딤면이 갑자기 좁혀진 그 지점이 문제였다. 기댈 난간이 없고 보폭을 조절할 수 없다보니 엎어진 것이다.

계단의 난간시설이나 높낮이 또는 디딤폭은 사람의 실수에 대비하고 보폭에 맞게 규정되어 있다. 나중에 건축사 동생을 통하여 이 거대한 건물의 계단이 구조적으로 안전하지 않다는 이야기를 들었다. 팔라디오의 고민을 전혀 반영하지 못 했다. 결정적인 것은 난간이 한 쪽뿐이라는 것이다. 계단의 설치기준을 찾아보니 높이 1m를 넘는 계단이나 계단참의 양옆에 반드시 난간(벽 또는 이에 대치되는 것을 포함)을 설치하여야 한다.

이 문제를 종업원에게 지적하자 공감은 하지만 자기네한테는 아무 힘이 없고 주인장(사장)에게 글(인터넷?)을 올리면 된다는 것이었다. 땀 한 방울 흘리지 않고 편안히 오르내릴 수는 승강기를 이용할 일이지 계단으로 오르내리냐는 핀잔이다. 사실 신체가 불편하신 분들이나 나이 드신 분들은 계단을 드나들기 어지럽다고 싫어한다. 덩치가 큰 호텔일수록 고객에 대한 배려가 극진함을 알 수 있다.

물론 몸이 불편한 장애자나 노인들에 대한 배려일 수도 있겠지만 한편으론 고작 한 층을 승강기로 오르랴 하는 생각도 들었다. 심지어 젊은이들 중에는 운동 삼아 두 단씩 건너오르기를 하는 이도 있다. 하지만 그것은 법규에 맞도록 제작된 계단에나 가능하다. 안전성 없이 눈짐작으로 대충 만들어진 계단에서 욕심 많은 사람이 조심하지 않다가는 박자가 안 맞아 헛딛는 실수나 넘어지기 십상이다. 특히 내려 갈 때는 시각에 차이가 있어 엎어지기 쉽다. 그래서 공공 보행동선인 계단에는 이용자를 위한 난간이나 손잡이가 필요한 것이다.

그러나 이 같은 배려는 한결같지 않다. 같은 날 파티홀의 문지방 쇠판이 도드라져 걸려 넘어진 취객도 있었다. 작년에는 이 호텔 엘리베이터가 어중간한 위치에서 멈춰버려 할 수 없이 문틈새로 뛰어내린 적도 있었다. 이런 안전 문제가 도처에 있지만 문제를 제기하지 않아 넘어가고 있다.

그 계단을 오르내릴 때마다 부자유, 불평등, 아이러니 그리고 슬픔이 앞선다. 삶의 계단도 그와 같을 것이다. 사실

계단의 속성은 다양하다. 계단 한 층에 한 걸음, 한 발짝씩 밟아 오르게 되어 있으련만, 내릴 때 내려다보지 않고 오를 때 올려보지 않다가 도중탈락, 도중하차, 인생추락을 한 이들이 얼마나 많던가? 한계가 있는 삶의 계단에 얼마나 높게, 얼마나 빨리 오르고 내리느냐 하는 것이 별로 큰 문제가 안 된다. 한 번 당하고 나니 층계에서는 헛디딜세라 조심이 된다. 이제야, 힘이 드는 생각이 나는 것이다.

작품 기증과 착심(着心) 떼기

세상의 어리석은 범부들은 날이 가문 뒤에야 비의 고마움을 사람들이 알게 되고, 성인이 떠난 뒤에야 그 은덕을 깨닫게 된다고 한다. 소암(素菴 玄中和 1907~1997) 선생이 그러신 분이다. 소암 선생이 어느 날 우리 집에서 밤새 서회(書會)를 가진 적이 있었다.

吾心天上月. 내 마음은 달이어라.

내 아내에게 주신 행초(行草) 글이었다.

放去收來. 지난 것 내버리고 오는 거나 거두어라.

내게 주신 예전(隸篆) 글이었다.

우리 스승 소암은 시국의 갖은 어려움 속에서도 오직 운필로 보국한다(運筆輔國)는 큰 서원을 세우고, 한 평생 서법을 연마하며, 참 필법을 드러내신 분이셨다. 선풍도골(仙風道骨)에 취묵신선처럼 희유하신 거인이셨다. 현실의 명리를 글씨로써 초탈하여 달관의 경지에 오른 필묵의 진정한 자유인이셨다. 스승의 의용과 음성은 뵙고 들을 길 없지마는 우리 집에는 다행히 유묵이 남아있었다.

세속으로부터 자기해방을 하고자 했던 대서예가 소암의 글씨. 독특한 형체와 리듬[動態], 점과 획의 구성뿐만 아니라 필묵과 장기(章氣)의 맛은 씹을수록 맛 나는 글이었다. 소암 선생의 자취를 되는대로 모아 잘 간수만 하더라도 앞으로 세계 사람들이 소암 선생을 알아보고 크게 감격하고 봉대할 사람이 수없이 많을 것이다.

그러나 웬걸 그러한 무량묵적이 타계하시자 꽁꽁 숨어 버렸다. 사람들이 갑자기 서화에 관심을 가지기 시작한 것은 아마도 작품이 돈이 된다는 인식 때문이었다. 아닌 게 아니라 소중한 것이라고 부둥켜안고 있는 분들을 보면 귀중품 내지는 재산으로 알고 있는 경우가 많았다.

물론 예술가의 뒤에는 그 작품을 간수하고자 하는 호사가들의 마음이 있어야 예술의 세계는 깊고 넓혀진다. 좋아하고 사랑하고 갖고 싶은 작품에 대한 애착심이 없으면 예술의 명맥이 이어지질 못한다. 사실 방치해두면 유실될 예술

작품을 애써 모으고 보존해준 분들의 공헌도 적지 아니하다.

그러나 집에만 간수하면 무얼 하겠단 말인가. 작품을 소장함으로써 작가와 함께 작품세계에 몰입할 수는 있을 것이다. 또는 남과 구별 짓기 위한 과시용인가. 집에서는 이런 작품들이 오랠 가질 못한다. 돈이 됨직한 물건에는 분실이나 훼손의 우려가 상존한다. 본인의 당대에는 귀중한 가치성을 알고 그런대로 보관 · 보존이 잘 되지만 본인이 죽은 후에는 세대를 이어가면서 하나 둘씩 사라지는 것이 현실이다.

그래서 서귀포 출신인 소암 선생을 만대의 세계적인 예술가로 일찍 인식하고 그 자취를 보존하는 작업과 함께 기념관 마련에 심혈을 쏟고 계신 김형수 시장님이 그 개관을 앞두고 크게 앓게 되신 것이다. 개인 소장자들이 작품에 대한 애정이나 소장욕구 때문에 좀 더 넓은 공적 차원의 공개를 도외시하고 있어 유묵을 모으기가 쉽지 않았다. 작품기증은 여전히 답보상태이고, 소장 작품이 턱없이 모자란 안타까운 현실이 그대로 드러나고 있다.

그 즈음에 우리는 완물상지(玩物喪志)로 뜻을 굳혔다. 사물을 지나치게 좋아하면 원대한 뜻을 잃게 된다. 아내와 의논하여 서두의 두 작품들을 포함하여 있는 것 다 내놓기로

했다. 소중하게 간수하거나 소유자가 직접 관리하던 예술품도 소장자를 떠나야 할 때가 반드시 온다. 인생은 유한하기 때문이다. 내 소장품에 대한 착심과 소유욕과 명예와 사리(私利)로 가득 찬 마음을 먼저 비우고 그곳에 나의 소유물을 기증하기로 하자. 그러면 그 물건은 나로부터 떠나도 다시 기쁨을 찾는 길이 있고, 빈자리를 넉넉함으로 채울 수 있는 묘유(妙有)가 있으리.

"원래 착(着)이 없는 그 자리를 알고 착이 없는 행(行)을 하는 것." 이 선어(禪語)는 갈등과 고뇌에서 벗어나 편안한 삶을 누리게 하는 선(禪)의 모습을 말한다. 재산이나 세속적 가치에 마음의 집착이 있거나 착심을 떼지 못하면 고통의 바다에 빠지게 된다. 자신의 전 재산이거나 생사를 걸 정도로 소중한 작품일수록 착심 떼는 공부가 바로 생사해탈의 공부가 아닌가. 가장 값진 공부는 착(着)된 자리를 돌리고 돌려서 원래 공(空)한 자리로 돌아오게 하는 공부일 뿐이다.

주인과 소장품의 인연을 끊게 되는 세 가지 경로가 있다. 첫 번째는 다른 사람에게 소장품의 관리를 위탁하는 것, 두 번째는 자손에게 물려주는 것이고, 세 번째는 공공기관에 기증하여 사회에 기여하는 방법이 있다.

문제는 소장자 자신이든 사사로운 위탁자이든 매입자이든 그들의 생존 동안은 그 작품을 소중하게 간수는 할 수 있으나 여러 사람들에게 감상이나 연구의 대상으로서 사회에 기여하기가 어렵다. 예술작품을 자손에게 남겼더라도 자손이 이에 대한 취미나 의식이 없으면 곧 분실 훼손되고 만다. 설령 소중함을 알더라도 재산으로 팔아버리면 그것으로 끝이다. 미국의 기부 역사를 만들어낸 앤드루 카네기는 자손에게 물려주는 방법이 가장 나쁜 방법이라고 지적했었다. 그런데 아쉽게도 우리나라는 자손에게 물려주는 방법이 가장 선호되고 있는 것 같다.

소장자들이 고맙기도 하지만, 그 분들이 마침내 이행해야 할 신성하고 궁극적인 의무는 사회 환원이다. 공익을 위한 기증은 그 예술품의 영구보존과 연구 활용으로 작품의 진가를 드러내며 기증자의 의도와 명예까지도 보존해주니 가장 큰 보람이 있다. 시민들과 공유하는 것이 훨씬 큰 보람을 남겨준다. 그러한 즐거움을 공유하여 함께 누리자. 시민 모두가 감상하고 연구할 수 있도록 작품의 수장장소를 옮기면 될 것이 아닌가.

소암 제자들의 모임인 제주소묵회에서 유품 기증운동을 벌이면서 묘책을 논의했다. 참석자 중 한 사람이 “병풍 작품을 둘 이상 소유한 사람은 하나를 내놓도록 하자”고 제의하자 만장일치로 통과됐다. 다른 한 사람이 “내게 있는 것은 소품 두 점 뿐이다. 그 중 한 점을 내놓겠다. 내 재산의 절반을 내놓는 셈이다. 소품이라도 두 점 이상 가진 사람은 한 점을 내놓기로 하자"고 제의했으나 아무도 동의하지 않았다. 참석자 중에 병풍을 둘 이상 가진 사람은 한 명도 없어 쉽게 동의했으나 소품은 대부분 갖고 있었기 때문에 반대한 것이다. 자신의 재산을 사회에 기증한다는 것이 얼마나 어려운 일인가를 알 수 있다.

물론 소묵회 회원 중에는 하나밖에 없었던 이도 그 하나를 선뜻 내놓은 분도 있다. 그렇게 작품 기증을 주선하여 지난 정초 소암기념관에 114점을 보태었다. 소암기념관은 소암 현중화 선생의 치열했던 삶과 정신의 의미를 보다 많은 사람들에게 알리고 공유해야할 곳이다. 연구자나 일부 개인을 위한 것이 아니라 제주도민 모두의 것이며, 시민 스스로 애정을 가지고 자주 찾아야 할 곳이다. 그래서 누구나 감상하고 연구할 수 있도록 소암 작품의 상설관으로 잘 보존하는 역할도 해야겠지만 기획전도 하고 작품을 연구하여 그 진가를 널리 펴야할 기관이다. 기념관이 단순히 유물만 전시하는 공간이어서는 제 역할을 할 수 없다. 유작들을 현대적으로 재해석하고 오늘에 남기는 의미를 놓치지 말아야 한다. 그러므로 어느 수준 이상의 작품을 수장해야만 제 구실을 할 수 있다. 소암현중화기념관이 서귀포 시민들에게 긍지를 심어줄 수 있는 대표적인 상징물이 되기 위해서는 작품 기증뿐만 아니라 적극적인 관심과 지원이 필수적이다.

스승의 서법을 삼가 배우고, 붓으로 쓰고 입으로 말하여 후래 대중에게 전하는 것도 소중한 일이나, 만고 후세에까지 소암의 법통이 이어갈지는 나는 알 수가 없다. 다만, 소암 선생이 서귀포에서 한 세기를 사신 일이나, 또 후래 대중이 선생의 자취를 반가이 받들 수 있도록 유묵을 보존하는 일이 삼위일체(三位一體)가 되어야 한다고 생각한다. 위대한 서예가 소암 선생의 삶과 예술을 역사 속에서 소중히 간직해야 하고 유묵들이 훼손됨이 없이 후대에 잘 전하고 자료로서 소중하게 활용되어야 한다.

예술품의 사회 환원은 문화 사회를 지향하는 첫 걸음이다. 작품기증에는 귀한 것일수록 같이 나누고자 하는 가장 아름답고 깊은 뜻이 값아 있다. 예술품의 공유는 예술적 분위기를 확산시키며, 우리 사회를 아름답게 만드는 소중한 동기가 된다. 지역사회를 위하고 다음 세대의 교육을 위해서라도 개개인이 소장하고 있는 예술품들이 제 역할을 할 수 있도록 기증해야 할 때라고 여겨진다. 자료가 더 훼손되기 전에 많은 이들과 공유하기 위해서 기증운동에 적극적으로 참여해야 한다고 생각한다.

이부림

이부림_ 한국문인협회 회원, 숙대 문인회 회원, 현대문학 수필작가회 회원, 수필집 ≪대문안쪽≫

별명처럼

누구나 이름을 가지고 있다. 대부분 하나의 이름으로 평생을 지내지만 사람에 따라, 호를 짓거나 예명 필명을 갖기도 하며, 남이 붙여주는 별명이나 애칭도 있다. 요즘에는 태명(胎名)이라 해서 젊은 부부들이 엄마 뱃속에 있는 아기의 이름을 지어 낳기도 전에 부른다. 어떤 명칭이든 계속 불리다 보면 사람과 이름이 하나가 된다. 이름이 사람이요, 사람이 이름이다.

우리 집에는 아들 둘, 딸 둘이 있는데 나이가 모두 30대들이다. 애들을 낳을 때만 해도 태명이란 것이 없었는데 우리 아이들 젖먹이 때는 애칭이 있었다. '돌, 올, 솔, 둘'이다.

영아 사망률이 높았던 옛날에 귀한 집 아이들은 어려서 장수하라고 일부러 흔하고 천한 이름으로 부르기도 했다, 남자아이는 '돌이'가 많았다. 그래서인지 첫 손자를 어른들이 '돌'이라고 부르셨다.

큰딸은 '올'이다. 한 올 두 올 엮어서 고운 비단을 짜듯 하루하루를 예쁜 무늬로 꾸며 일생을 멋지게 살면 행복도 'all', 사랑도 'all' 모두 너의 차지가 될 것이라 생각했다. 솔바람처럼 맑게, 솔 향처럼 삽상하게 살라고 작은 딸은 '솔'. 막내는 둘째 아들이라고 '둘'.

유년기가 되면서 아이들마다 다른 면이 보이기 시작했다. 똘똘한데 내 주장이 강하고 호기심이 많은 큰아들 '돌'이의 주변은 언제나 자갈길을 걷듯 짜갈짜갈 소리가 나고 수선스러워 '짜갈'이라 했다.

큰딸은 '뻔네.' 긴 목 위 갸름한 얼굴에 커다란 눈망울이 어린 사슴 같은 계집애다. 가끔 호기심 가득한 눈으로 두리번거리는 모습이 여기저기를 뻔네거리며 살피는 것처럼 보였기 때문이다.

셋째는 작은 딸이다. 갓난이 때부터 자그맣고 하얀 얼굴에 콧구멍이 날렵해 바비인형 같았다. 자라면서는 시키지 않아도 제 것 잘 챙기고 사리분별 따지는 것이 어린애답지 않게 영글어서 콩알만한 게 깍쟁이 같다고 '콩깍지'라고 하다가 '깍지'가 되었지.

막내는 형과는 터울이 많고, 바로 위 누나들은 저희끼리만 어울리며 함께 놀아주지 않아 심심했는지 말없이 차분한 아이가 종종 사고를 저질렀다. 부엌찬장에 들어가 유리창에

루즈로 낙서를 하던가, 안방 벽장 속에서 잠들어 버리기 일쑤였고, 대문만 열려있으면 집 밖으로 나가 버려 형과 누나들이 온 동네를 찾아 헤매기 다반사였으니 사고뭉치라서 '뭉치'일 수밖에 없었다.

애칭이나 별명은 사람의 특징을 꼬집어 내기 때문에 이름보다 개성이 있고 더욱 잘 어울린다. 아이들이 40년 가까이 살아오는 동안에도 별명들이 여전히 어울리는 걸 느끼는데, 별명이 자주 불리어지면서 그 모습으로 더 두드러진 듯하다. 별명이 사람이요, 사람이 별명이 된 것 같다.

그런데 이제 보니 어린 아이들에게 붙여준 별명들이 하나같이 바람직하지 않게 단점에 가까운 면만을 부각시키고 있다. 처음부터 장점을 살린 별명으로 불러주었으면 자라면서 좋은 점이 더 강조되지 않았을까.

주변을 시끄럽게 한다고 해서 자갈길을 밟는 소리 '짜갈'이라고 할 것이 아니라 바닷물에 오랫동안 씻기고 닳아 단단하면서 반들반들한 해변의 자갈처럼 '차르르 차르르' 맑은 해조음을 내는 '몽돌'이라 불렀어도 좋았을 것을. 그러면 '몽돌'처럼 단단하지만 모나지 않고 부산스럽지만 유쾌해서 사람들이 더 좋아하지 않았을까.

'올'이를 "올아" 하지 않고 "올이야" 하고 부르면서 '오리 오리 꽥꽥' 하며 놀린다고 큰 눈에 눈물을 그렁그렁 담고 다니던 딸, '뽄네'는 남국의 아이 같은 세련된 외모를 뽐내면서 당당하게 살라고 '뽐네'라고 불러 주었으면 지금보다 훨씬 자신 있는 삶을 꾸려왔을지 모른다.

작은 딸 역시 콩깍지나 깍쟁이 같은 '깍지'보다는 작지만 야무진 성격처럼 '올콩이'라 했어도 괜찮았을 법했다.

막내 '둘'이는 가족 가운데 덩치가 제일 크다. 힘쓰는 운동선수가 제격이었을 아까운 체격이다. 키도 몸집도 큰 녀석이 모처럼 온가족이 모여 시끌벅적할 때도 한쪽 구석에 가구처럼 덩그렇게 앉아 있다. 간간이 미소만 지을 뿐이다. 저러다가 어릴 때처럼 살짝 빠져 나가버릴지도 몰라 눈여겨보게 한다. 아직 장가를 가지 않았으니 '뭉치'에서 '골치'가 되었지만 이제부터라도 좋은 쪽으로만 생각하면서 '덩치'값을 하겠지 하고 기대해 본다.

애칭이나 별명은 주로 그 사람의 특징 있는 생김새나 특별한 성격을 나타내므로 이름 못지않게 성장과정에 심리적인 영향을 크게 미친다. 특히 어린 시절에 친구들 사이에서 놀림감이 되는 별명이나 애칭은 큰 상처가 되기도 한다. 하물며 매일 얼굴을 맞대고 사는 가족끼리 부르는 애칭이나 별명은 오죽하겠는가.

이왕이면 더 좋은 뜻으로 자신감을 북돋아 주는 별명을 지어 줄 걸 하는 생각이 든다. 내 아이들에게 하지 못한 것,

이제 막 걷고 뛰는 손자 손녀에게 주고 싶지만 엄마 뱃속의 아이에게 귀엽고 예쁘고 멋진 태명부터 지어 주는 손자 손녀들의 부모 몫으로 넘겨주어야 되겠지.

할미와 함께 춤을

손자 손녀가 여섯 명이다. 공교롭게도 터울이 모두 한 살이라 갓난아이부터 여섯 살짜리까지 있다. 자기 식구끼리만 올 때도 큰애와 작은애를 번갈아 고루 예뻐해 주어야 하는데 온가족이 모이는 날은 차례로 맞아 정을 고루 나누어 주느라 바쁘다. 정이란 게 한정된 것이 아니고 무한정 솟아나 주니 얼마나 다행인가.

안아주고 뽀뽀해 주고. 먼저 온 아이들은 뒤에 오는 사촌들을 반기는 어른들의 행동을 허투루 보지 않는다. 자기보다 더 꼬옥 안아 주는지 볼에 뽀뽀는 얼마나 오래 하는지 비교해 보는 모양이다. 샘이 날 때는 다시 안기는 녀석도, 손을 잡고 빙빙 도는 녀석들도 있다. 아이들이 자라는 모습을 보면서 정이 들어가지만 아무래도 자주 만나 오랜 시간을 같이 지낸 녀석들이 더 생각나고 보고 싶어지는 것은 어쩔 수 없다.

그래서 해마다 집안에 갓난아이 울음소리가 들려왔다. 젖먹이는 먹고 자고 먹고 자다가 배가 고프거나 아프다든가 기저귀가 젖어 있으면 울음소리로 자기 상태를 알려 준다. 금세 잠들지 못하고 칭얼대면 안아서 재운다. 계속 보채면 가슴에 안고 가만가만 다독여 주다가 그래도 울음을 그치지 않을 때는 일어나서 걷는다. 걷는다기보다 두 발로 바닥을 밀고 있다. 조심스럽게 왔다 갔다 흔들거리다보면 '하나, 두울, 세, 넷' 어느새 아가와 함께 춤을 추고 있다.

남녀가 밀착해서 추는 블루스처럼 아가와 한 몸이 되어 천천히 움직인다. '슬로우 슬로우 퀵 퀵.' 분명 블루스 스탭을 밟으면서 블루스 멜로디를 떠올리는데 입으로는 소곤소곤 자장가를 부르고 있다. 꿈길에 들어선 아가를 살포시 껴안고 블루스 춤만큼이나 감미로운 정을 나눈다. '아가야 너의 고른 숨결처럼 앞으로 모든 날들이 고르고 평화로워라. 품 안에서처럼 항상 누구에게나 사랑받거라.'

어른들 무릎에서 두 발로 뛰며 자란 애기들이 요즘은 TV 어린이 프로나 DVD학습교재 영상을 통해서 일찍부터 율동을 익히고 리듬감각을 키우고 있다. 두어 살짜리도 TV에서 본 대로 몸을 흔들고 네다섯 살이 되면 어린이 집이나 유치원에서 배운 노래와 춤으로 온 가족을 기쁘게 해주고 있다.

꼬맹이의 키에 맞추느라 엉덩이를 뒤로 내밀고 허리를 굽혀 조무래기들의 두 손을 잡는다. 팔짝 팔짝 잘도 뛴다. 경쾌한 폴카다.

하나 두울, 하나 두울

우리 함께 손잡고 오른쪽으로 돌아요.

우리 함께 손잡고 왼쪽으로 돌아요.

내 손뼉 치고 네 손뼉 치면서 우리 함께 놀아요.

조그맣고 따스한 손의 감촉이 주름진 손으로 흘러든다. 마주잡은 손을 통해 혈육의 온기가 서로에게 스며든다. 혼자 추는 춤도 흥겹지만 몸놀림이 상대와 일치할 때의 즐거움도 저절로 느끼게 될 것이다. 순발력이 떨어지는 할머니의 동작이 저희들과 틀렸을 때 꼬마들이 난감해하며 까르르 웃는 모습도 귀엽기만 하다.

네 살짜리 손녀는 발레를 배운다. 발레리나로 키운다기보다 어려서 몸매를 잡아주고 리듬감각을 익혀준다고 한다. 앙증스럽게 발꿈치를 들고 한 발로 서서 팔을 옆으로 쫘악 벌린다. "발레는 이렇게 하는 것이거든요." 하지만 따라 하기 힘들어 중심을 잃고 뒤뚱거리면 "까르르 까르르" 자지러지게들 웃어젖힌다. 만약 우리 집의 이 정경을 영상으로 남겨둔다면 할머니가 애들 같다고 하겠지.

프랑스 샹송가수 앙드레 클라보가 부르는 〈아빠와 함께 춤을〉이라는 노래 소리가 들리는 것 같다. 엄마가 외출한 동안 아빠가 어린 딸과 함께 춤을 추는데 여자아이가 음악에 맞추어 "까르르 까르르" 웃는다.

> 이리온 귀여운 아가야 아빠와 왈츠를 추러 오너라.
>
> 아빠에게 왈츠를 배우러 오너라.
>
> 엄마가 나간 동안 나하고 빙글빙글 춤을 추자. 하나 둘 셋, 하나 둘 셋. 자 이렇게 (까르르)
>
> 옛날에 엄마도 이 곡을 좋아했단다.
>
> 이리 온 나의 보물 아가야. 자, 다시 한 번 좀 더 높게 (까르르 까르르)
>
> 왈츠를 추자 재미있니? 착한 아가야.
>
> 쉬러 오너라 내 품에, 왈츠가 너를 살랑살랑 흔들어 주는구나. (까르르르르)

이 곡은 원래 〈Come pretty little girl〉이라는 제목의 미국 노래인데 오래 전에 프랑스 곡으로 번안해서 앙드레 클라보가 불러 세계적으로 인기가 있었다. 취입 당시 여섯 살의 작은 소녀였던 카트린 예젤은 레코드 회사 총지배인의 딸이었는데 그녀도 지금 쯤 할머니가 되었을까. 지상의 노래와 천상의 웃음소리가 합해진 듯 무한한 행복감을 안겨주던 샹송이었다. 그런데 지금 나는 카트린 예젤보다 더 예쁜 웃음소리를 들려주는 손자들과 춤을 추고 있다.

아이들이 사춘기가 되면 나는 팔순에 가까운 할머니가 될 것이다. 그러지 않아도 요즘 아이들은 키가 장대 같은데 그때 나는 지금 보다 더 조브라들었을 것이므로 마치 내가 지금 아이들을 내려다보는 것같이 아이들이 나를 내려다 볼 것이다. 남자 녀석들은 턱에 수염이 거뭇할 것이고 여자 애들은 가슴이 봉긋 올라와 있겠지. 명절이 되면 지금처럼 세배 드린다고 우르르 몰려들 올 텐데 그때 녀석들은 내가 지금 어린 자기들 키에 맞추어 허리를 굽히고 춤을 추듯 할머니와 춤을 추자고 할까? 그러면 나는 리듬에 맞추어 마주선 녀석들에게 몸을 맡길 것이다. 허리를 펴고 우아한 자세로 가볍게 스텝을 밟을 것이다.

어느덧 나는 손자 녀석의 손을 잡고 앙드레 클라보의 '아빠와 함께 춤을' '할미와 함께 춤을'이라고 바꿔 부르며, 나의 미래의 맑은 하늘 높이 '까르르 까르르' 웃음소리를 띄워 보내고 있다.

한 방 쓰기

여자 혼자 자는 방에서는 풀냄새가 난다. 남자가 홀로 자는 방은 홀아비냄새, 여자끼리 자는 방은 지분내, 남자들 방에서는 인내가 나는데 여자 남자가 한방을 쓰면 사람 사는 냄새, 향내가 난다.

요즘 들어 부쩍 코를 고는데 외출한 날 밤에는 더 심하다고 한다. 미안해서 조심해도 의지만으로는 잘 안 되는 것 같아 베개를 들고 비어있는 옆방으로 건너가 자기도 한다. 내 코고는 소리에 신경을 쓰지 않으니 나도 편히 잘 수 있어 좋다.

그러다가 자연스럽게 각방을 쓰게 되었다. 자다가 다리에 근육통이 와서 큰소리로 불러도 오지는 않고 통증이 가라앉을 때까지 쩔쩔매고 나니 화도 나고 섭섭하더라고 한다. 옆에 누군가 있어 얼른 대처해 주면 수월한데 혼자서는 힘들다. 밤중에 갑자기 가슴이 답답하거나 악몽에 가위눌려 허우적거릴 때도 얼른 손잡아 주는 사람이 있어야 한다.

그 후로 두 방의 문을 활짝 열어 놓고 잤다. 허나 잠이 깊이 들면 얄밉게 코고는 소리만 더 크게 들린대나. 그래서 나이가 들수록 함께 자는 사람이 있어야 하고 병들어 눕지 않아도 노인은 혼자 주무시게 해서는 안 된다고 했다. 연로하신 분이 저녁 잘 드시고 밤새 돌아가셨다고 하면 복 받으신 분이라고 여겼는데 갑작스런 증세에 급히 손을 쓸 수 없었던 경우가 아니었나 하는 생각이 든다. 밤새 안녕이 예삿말이 아니다.

집필과 신앙생활을 하면서 혼자 아파트에 사시던 문단 선배님이 계셨는데 돌아가신 것을 일주일 정도 지나서야 알게 되었다고 한다. 언제 어떻게 가셨는지 알 길이 없어 가족이나 친지들의 가슴을 아프게 했다.

한 집에서도 한 방에서 지키지 않으면 임종(臨終)도 할 수 없게 된다. 나는 시어머님을 수십 년이나 모시고 살았는데도 임종을 못한 불효며느리가 되고 말았다. 통증이 심하면 언제나 내 손을 잡고 "네가 내 종신(終身)을 해야 한다."고 하셨는데 그럴 때는 도리어 위급한 상태가 아니었던 것이다. 아무 말씀도 없이 누워만 계셨을 때 방을 비우지 말았어야 했다. 주무신 줄로만 알았으니 얼마나 무지한 소치(所致)

였던가. 숨을 거두시기 전에 누군가를 찾으며 무슨 말씀을 하셨을지도 모른다. 자손들이 옆에 있으면 가시는 길이 편안하셨을 텐데…….

아무도 임종을 못하고 혼자 가시게 한 불효를 이제 용서받을 길이 없다고 했더니 원불교 신도인 신심 깊은 친구가 위로의 말을 해주었다. "임종을 못한 자식들은 평생 한이 되겠지만 돌아가시는 분은 이승의 인연을 미련 없이 끊고 떠날 수 있어 더 좋을 수도 있다."는 것이다. 일리 있는 말일지라도 생을 마감하는 순간에 혼자이게 해서는 도리가 아닐 것만 같다.

아우를 본 맏손자를 할머니가 데리고 주무셨다. 첫아이는 계속 아우들이 생기게 되어 중학생이 될 때까지 할머니 방에서 자랐다. 몇 년 전 할머니가 돌아가실 때 큰아들 나이가 서른 살이 넘었는데 아들은 늦공부가 힘들거나 마음이 울적하고 혼란스러울 때면 서울에서 세 시간 남짓 걸리는 고향 선산에 가서 할머니를 뵙고 온다고 한다. 할머니에게 답답한 심정을 얘기하고 나면 안정이 되는 모양이다. 철이 들 때까지 할머니 방에서 지냈기 때문에 정이 더 깊어진 탓이리라.

형제자매들도 어려서 제각기 방을 갖게 되면 자립심을 키우는 데는 좋을지 모르지만 커서도 자기 방에만 틀어 박혀 있기 쉽다. 한방에서 엎치락뒤치락 장난도 하고 힘겨루기도 하며 소지품도 바꿔 쓰면서 자라야 좋다. 자취나 하숙을 같이 했다든가 기숙사의 룸메이트 혹은 여행길의 같은 방 친구도 남다른 정이 생긴다. 속옷 차림까지 모두 보여주기 때문인가.

방은 더불어 사는 세상살이에 인간관계를 익히고 정을 키우는 기본 장소이다. 개인 생활이 그대로 드러나는 공간, 한방에서 서로 부딪히며 생활할 때 미운정 고운정이 흠뻑 든다. 가족끼리도 적당히 싸우면서 살아야 정이 더 들게 마련인데 부부가 싸워도 한방에서 자고나면 쉽게 풀어진다. 싸우지 않았더라도 아침에 다른 방에서 나오다 마주치면 조금은 어색하고 민망하더니 그것도 잠시, 날이 갈수록 자연스러워짐을 어이하리.

결혼한 딸들이 집에 와서 자게 되면 저희들 방을 내주고 베개를 안고 다시 안방으로 간다. 그새 코골이 수술을 한 것도 아니고 옆 사람 의식해서 코가 갑자기 얌전할리 없겠는데 참아 주는걸 보면 혼자 잘 때보다 나은 모양이다. 나 역시 비록 잠자리는 좁아도 오랫만에 집에 온 듯 편안해진다. 잠결에 이불자락 여며주는 손길을 느끼면 잠이 더 깊어진다.

자녀들이 커서 집을 떠나면 빈 방이 생겨 별일이 아닌데도 따로 자기 쉽다. 더우니 창문을 열자고 썰렁하니 문 닫아야 한다고 우기다가, 각자 좋아하는 TV프로를 보다가…….

서로 자기만의 공간에서 무언가를 하더라도 밤이면 한방에서 자는 것이 좋을 듯하다. 어두운 밤에 곁에서 들리는 조용한 숨소리는 얼마나 든든한가. 나이가 들고 심신이 불편할수록 남자든 여자든 누군가와 함께 자면서 사람 냄새, 사람 사는 냄새를 풍기며 살아야지.

썰렁하더니 감기 기운이 있다. 오늘 밤에는 우리 방에서 자야겠다.

더 큰 복으로

시장 가방을 양손에 들고 택시에서 내렸다. 쾅! 하고 뒷문이 닫히자마자 좌석 아래 두고 내린 생선 봉지가 생각났다. 바로 뒷문을 두드렸지만 움직이기 시작한 택시를 두어 걸음도 따라가지 못하고 서버렸다. 달려가는 저 택시를 무슨 수로 세울 수 있겠는가.

제수(祭需)로 쓰는 생선은 항상 미리 준비해 두었는데 이번에는 차일피일 미루다가 제삿날이 당장 내일로 닥쳐왔다. 그동안 경동시장에서 장을 보아 왔다. 제기동에 있는 경동시장은 약령시장으로 유명한 재래시장이지만 큰 도매 시장으로 제사에 쓰는 견과류나 생선 나물 과일 등 싱싱한 물건들을 마트보다 싼값으로 한꺼번에 살 수 있어 편리하다.

시댁이 서해와 가까워서인지 제사상에는 꼭 홍어를 쪄서 올린다. 홍어나 머리가 달린 생닭은 명절에도 미리 주문하기 전에는 동네시장에서 구하기 힘들고, 생선은 오늘 밤으로 간도 쳐야 하는데, 동네에서 마련할 수 있는 것들은 들고 내리면서 정작 중요한 것들은 챙기지 못하고 내린 것이다.

집에까지 오는 동안 운전기사님은 이야기를 많이 했다. 라디오에서 60년대 얘기가 나오자 서울에서 명문대학을 다니면서 4·19에 앞장을 섰던 젊은 시절이 있었고 행정고시에 합격한 후에는 경제부처와 한국은행에서 근무했다고 한다. 이제는 퇴직하고 쉬다가 자가용 겸 택시 영업을 한 지 오래 되었다고 한다.

처음에는 건성으로 듣다가 낯선 여자 손님에게 자기 자랑도 꽤나 한다 싶어서 나도 4·19세대라고 한 마디 했더니 얘기가 술술 풀렸을까. 자신도 장남이라 부모님의 제사를 모시는데 부인이 늘 고맙다고. 조상님 덕인지 고희를 넘기고도 건강해서 이렇게 운전 할 수 있어 감사하며 지낸다고. 짧은 동행이었지만 한 사람의 일생을 듣느라 물건도 두고 내렸나 보다.

닭은 백숙용으로 대체하더라도 홍어는 어떻게 하지? 일년에 여러 차례 제사를 모시지만 한 번도 빠트린 적이 없었는데. 막막했다. 가방을 양손에 들고 어찌해야 할지 몰라 그냥 차도 쪽에 서 있으려니 택시를 기다리는 손님인 줄 알고 빈 택시들이 멈췄다 지나간다.

무거운 짐들을 대문 안에 살짝 밀어 넣고 큰길로 나왔다.

다시 장을 보러 가야겠다고 마음을 먹고 빈 택시를 기다리고 있자니 4차선 도로 건너편에 택시 한 대가 멈추어 섰다. 차창 밖으로 얼굴을 쑤욱 내민 기사님이 누구를 부르고 있다. 손님을 태우려고 호객하는 것 같아 멀뚱히 쳐다보았더니 “물건 놓고 내리셨죠?” 하며 오라고 손짓 한다. 그래서 반가운 마음에 횡단보도도 아닌데 뛰어 갔다.

“아하 반갑습니다. 거기 아직 계시다니.” 큰소리로 나보다 더 반색을 한다. 달아나듯 사라져버린 택시가 어떻게 되돌아와 내 앞에 나타났을까. 분명 꿈은 아닌데…….

“뒤에 오던 택시 기사가 그러는데 손님이 내린 택시 문을 급히 두드리는데 분명 무슨 사연이 있다는 생각이 들더랍니다. 마침 두 차가 신호 대기에 걸린 틈을 타 내 차 옆으로 와서 알려주더군요.” 하면서 기분 좋게 웃는다. 그러니까 기사님은 그 말에 뒷좌석에 두고 내린 물건을 확인하고는 가던 차를 돌려 내가 내린 곳으로 되돌아 온 것이다.

내린 곳이 바로 우리 집 앞이었지만 들어가는 것은 보지 못했으니 어디로 갔는지 모를 텐데, 물건을 행여 돌려 줄 수 있을지도 모른다는 막연한 기대를 가지고 다시 와준 기사님이 정말 고마웠다. 더욱이 떠나는 차만 바라보고 섰던 여자가 걱정스러워 앞의 기사에게 그 사실을 알려준 또 한 분, 전혀 모르는 그 기사님도 고맙기 이를 데 없다.

만약에 우리 집이 골목 안에 있었다든가, 내가 다시 시장에 가는 것을 포기하고 집으로 들어가 버렸든가, 다른 택시를 잡아타고 시장으로 가고 있었다면 분명 기사님은 허탕을 쳤을 것이다. 다행히 그 차에는 다른 손님이 타지 않았고 두 차가 함께 신호에 걸린 데다가 내가 머뭇거리는 시간이 맞아 떨어져서 세 사람의 행동이 릴레이 하듯 연결되었으니 보통 인연이 아니었다. 삶이 인연과 선택의 연속이라고 하지만 잠깐의 인연이었던 승객을 위한 그들의 선택이 나에게 행운을 가져다주었으니 얼마나 고마운 분들인가. 또한 이러한 복을 받도록 우리 조상님도 거들어 주셨으리라 여겨진다.

묵직한 봉지를 차에서 꺼내면서 고맙다는 인사도 제대로 하지 못했는데 "제사 잘 모시세요." 하더니 이번에도 금방 출발해 버렸다. 갑자기 찾아온 기쁨도 잠시, 또 후회하고 말았다. 명함이라도 받아 두던가 차번호라도 보아두었으면 후일 감사하다는 통화라도 할 텐데-. 가로등이 켜지기 시작한 인도에서 젖는 듯 마는 듯 내리는 비를 맞으며 한참을 서 있을 뿐이었다.

친절을 받으면 한없이 감사하고 베풀었을 때는 스스로 보람을 느낀다. 내가 얼굴도 기억하지 못하는 두 분 기사님의 친절을 두고두고 고맙게 여기듯이, 두 분 기사님도 자신들의 선행을 오래오래 기억하면서 흐뭇하시기를, 또 나에게 준 행운보다 더 큰 복으로 돌려받으시기를 진심으로 바란다.

장영향

- 줄기찬 시선을 감당하며
- 숟가락 거울
- 아! 세월은 자아알 가안다 아이 아이 아이
- 오지 않는 답장

장영향_ 1943년 경북 칠곡 출생, 1996년 <현대문학>에 ≪파밭에 서면≫으로 등단. 현대문학 수필작가회원, 한국문인협회 회원, 대구문인협회 회원, 영남수필 회원, 여향예원 회원, 가람문학회 강사.

줄기찬 시선을 감당하면서

아침부터 지하철을 타고 내려 긴 통로를 지나 테제베를 타고 관광지를 둘러보았고, 시내 한가운데를 가로지르는 트람(Tram)을 타고 다른 곳으로 옮겨 다녔다.

점심은 딱딱한 바게트와 와인이 나왔다. 가져간 햇반을 먹다가 바닥이 났다. 바게트는 내 입장에선 군것질로도 시원찮은데 요기로는 더더욱 아니었다. 그래서 어쩌다 눈에 띄면 줄을 서서 이십 여 분 기다려야 사먹을 수 있는 맥도날드에서 간단하게 먹었다. 어떤 때는 샐러드만 먹는 레스토랑도 있었다.

해가 지기 전에 도착한 곳은 헨느(Rennes)라는 도시였다.

몸도 지치고 허기도 졌다. 여러 날 여행을 하였기에 한국음식이 먹고 싶었다. 해가 방금 진 듯한데 시간은 벌써 밤 10시였다.

낯선 도시에서 한식당을 물어물어 찾아갔다. 대로변이

아니고 소방도로쯤 되는 곳이었다. 간판에 한글을 보니 반갑고 설레어 코끝이 찡하였다.

문을 밀치고 들어간 식당은 좁다란 굴처럼 입구가 좁아 양 벽에 2인용 탁자가 겨우 하나씩 놓였고, 가운데 통로는 두 사람도 지나지 못할 정도였다. 주인인 듯한 남자의 안내로 따라가니 좀 넓어져 4인용 식탁이 3개씩 놓인 너비였다. 마침 아주 구석진 자리가 비어있어, 그곳에 앉자마자 화장실부터 다녀왔다. 지나며 본 주방은 얼마나 좁은지 음식과 냄비류가 바닥에 놓여 있고, 화덕에 음식을 만드는 사람과 설거지하는 사람이 서 있는 자리 말고는 빈자리가 없었다. 서빙 하는 여자는 빈 그릇을 놓을 데가 없어 통로에 두고 음식을 나르고 모두가 바빴다. 화장실 가려면 그 사이를 지나야만 했다.

의자에 앉아 차림표를 보아도 탕이 없어 불고기 덮밥과 김치 볶음밥을 시켰다. 음식이 나올 동안 여러 종류의 비닐을 정리하여 짐을 간추렸고, 딸은 숙박할 곳을 찾아보고 있었다.

나는 어디선가 나를 보고 있는 느낌이 들어 둘러보았다. 그제야 식당의 윤곽이 제대로 보였다. 벽 사이마다 초가집, 지게, 한국인형, 삿갓, 담뱃대, 문짝, 고추가 많이 달린 장식품들이 걸려 있어 이곳은 마치 한국에 온 듯하였다.

한 청년과 눈이 마주쳤다. 나와는 대각선으로 보이는 자리에 앉아 식사를 마쳤는지 식탁엔 음식이 없었다. 나는 이제 보았는데 청년은 눈길을 거두지 않고 표정 없이 말갛게 건너다보는 것을 보니 나를 여태껏 지켜본 것 같았다. 마주 앉은 아버지뻘 되어 보이는 사람은 언젠가 영화인가? 아니면 비디오에서 조연으로 나옴직한, 짧은 수염이 희끗희끗한 멋쟁이였다. 청년은 사관생도들이 입는 카키색 윗도리를 입은, 얼굴이 네모진 형으로 말쑥한 느낌을 주는 청년이었다. 움직임도 없이 계속 시선을 보내온다. 마주 앉은 노신사도 나를 본다. 부담이 되어서 내가 먼저 시선을 거두었다.

"대각선으로 보이는 두 남자가 나를 자꾸 쳐다본다."

딸은 고개를 돌려 아주 짧게 보았다.

"입양아이다, 자꾸 보지 마라."

그랬었구나, 어쩐지 낯익은 듯 동양계 사람인 것 같아 짐작이 갔는데 입양이라니, 그렇다면 저 청년은 조금의 움직임도 없이 눈을 나에게 고정시켜 마치 줄이 쳐 있는 것처럼 나를 자신의 엄마인양 바라보고 있구나.

음식이 나오지 않는다. 벌써 20분이 지나가는데 나갈 수도 없다. 음식 냄새는 식욕을 돋우고 배에선 소리가 나고 오늘따라 내 차림새가 더 초라하다. 며칠 여행의 피곤에다 입에 맞지 않은 음식에다 내 얼굴은 또 어떤가. 같은 한국 사람이라도 세련된 사람들도 있는데 나는 아직 개발이 안 되어 새마을과에 속한 수더분한 여자라 좀 부끄럽다.

지금 무슨 생각을 하며 바라다볼까, 자신을 버린 엄마나 형이나 동생을 떠올릴까. 아마 입양이 되어 올 때나 떠나온 날부터 지금까지 세월을 헤아리고 있는 마음인 듯 이삼십 년 시간이 온갖 감회가 담겨 있는 표정인 듯 마음이 축축해 진다. 밥 먹는 것까지 쳐다보고 있으니 입맛이 쓰고 맛이 없다.

"배고프다더니 왜 안 먹나, 얼마 만에 먹는 음식인데…."

"배고픈 시간이 지나서 그런지 맛이 없다. 너 많이 먹어라."

"억지로라도 먹어야지 내일 여행이 남아있는데…."

"저 사람들은 왜 나가지 않고 있나?"

"프랑스 사람들은 식사시간이 두 시간이다. 먹고 이야기하고 마시고, 엄마 저 사람들 보지마라."

"그래."

말은 그리했지만 청년의 마음이 나한테로 와 손이라도 잡아주고 싶다.

내가 손잡으면 참았던 눈물을 끝내 흘릴 것 같고, 내 가슴을 두드리며 엉엉 소리 내어 울 것 같다. 감정을 자제하고 있는 모습이 처연하다.

몽울몽울 피어오르는 그리움이 미움으로 바뀌고 원망과 섭섭함을 누르고 있을까. 나는 그윽하게 애절한 듯 쳐다보는 눈길을 받으며 몸과 마음이 저려온다.

우리가 식당을 나올 때까지 그 자리에 앉아있었고 옷깃을 잡아당기는 듯한 끈질긴 시선을 받으며 걸어 나왔다.

숟가락 거울

손님을 치르고 평소 사용하지 않던 그릇과 많이 나와 있는 수저를 말끔히 닦아 제자리에 넣었다. 일을 마무리하고 이제 일은 끝났다며 후련한 마음에 식탁에 앉아 커피를 마신다. 빠진 것 없이 다 넣었다는 수저통에 넣어야 할 숟가락 하나가 보였다. 그것을 꺼내 들고 일어서서 마저 넣으려다 무심코 숟가락 속에 내 얼굴이 보였다. 거울같이 잘 보인다. 뒤쪽으로 돌려보았다. 오목한 쪽은 거꾸로 보이고 볼록한 뒷면은 옳게 바로 보였다. 빙그레 웃음이 나왔다. 거울이 여러 곳에 있는데 지켜보는 거울이 눈을 빛내며 보고 있는데 나는 나 자신을 잘 다듬는가. 매일 아침밥을 먹기 전 얼굴 표정이나 가꾸어야 겠다고. 새삼 거울의 존재를 느끼면서.

삼십 년 전 한 젊은이가 떠오른다. 그는 자신의 젊음을 마구 함부로 써버렸다. 부랑자나 떠돌이처럼. 집도 있고 엄마도 있다고 하였는데, 집에도 안 들어가고 아무 상점에 들어가 트집을 부려 담배를 얻고, 식당에 들어와 제일 좋은 자리에 앉아 밥을 달라고 했으며 밥값은 내어 본 적이 없었다. 식당주인이 호통을 쳐도 눈을 부라리며 쳐다보고 끌어내어도 도로 들어 와서는,

“밥은 먹고 가야지.”

밥이 늦게 나오면,

“배고프다 빨리 밥도!”

몇 달을 그리 살아가니 아무도 갉을 수 없어 빨리 먹여 보내는 수밖에 없었다. 밥상이 나올 때까지 숟가락을 들고 히죽히죽 웃기도 하고 입을 삐죽이며 혼자 즐거운 표정이었다. 밥을 먹고는 고맙다는 인사도 없이 가버리곤 했다. 아마 그는 점심도 저녁도 다른 집에서 그냥 먹고 살았을 것이다.

“쯧쯧, 저런 놈을 낳은 에미는 그래도 아들 낳았다고 솔가지에 고추 끼어 금줄치고 미역국을 먹었을 걸….”

“저 놈의 에미 속이 다 문드러졌겠지.”

모두 한 마디씩 하였다.

그는 차츰 더 허물어져 세수도 아니 하고 다녔고, 옷도 흙이 군데군데 묻어 있었다. 어떤 날은 얼굴에 상처도 있었다. 얼굴의 상처가 저리 있다면 옷 입은 몸도 다쳤는지 식당

의자에 겨우 앉고 일어서 나가곤 하였다.

여러 날 그가 안 보였다. 하루 이틀 안 보이니 궁금도 하고 손님이 많은 점심시간에 온다면 장사에 지장이 많을 거라고

"그만 아침에 오지." 하며 기다리기도 하였다.

한 달이 넘었다. 그를 까맣게 잊었다.

손님이 와서 하는 말은 모두를 놀라게 하였다

"그놈 잘 잡혀 갔다. 동네를 못 살게 굴던 최간지 그 덜 떨어진 놈! 트럭에 실려 갔다는데 아마 삼청교육대로 갔을 거라고. 그곳에 가면 죽어야 나온단 소리도 들리는데…. 이 동네가 조용하잖아."

젊은이는 왜 그리 살았을까. 저리 살아가는 것을 부모형제가 말리지 않았을까. 서울역이나 지하철에서 노숙자를 볼 때마다 그 젊은이가 떠오르고 하였다. 아마 지금은 60살 넘었을 것이다.

나름대로 살아가는 방식이 있었겠지만 자포자기, 아니면 인생이 무언지 모르고 마냥 시간과 청춘을 낭비하였다. 도무지 세월 아까운 것을 모르고 투정과 행패를 부리면 다 해결되었고, 먹고 살아갈 수 있었다고. 남들이 시달리다 어쩔 수 없이 더럽지만 조용하게 지내기 위한 것이 영원할 줄 알

았다.

지금 생각해 보니 그런 사람들 아직도 있다. 대도시 뒷골목이나 히피족이다. 좋게 말해 대자유인이다. 나라도 구제 못하는 일인 모양이다.

어쩌다 오늘 왜 그 생각이 났을까. 나이를 먹으며 살다보니 갈피갈피에 그리움 가득한 기억하고 싶은 추억도 있고, 다시 생각조차 하기 싫은 것도 사이사이 어떤 계기가 되면 튀어나와 얼굴을 내미는 것을.

우리 인생도 그런 것이다. 하루 길을 가다보면 중도 보고 소도 본다고 하였다. 받아 들어야 할 것은 기꺼이 감사한 마음으로 받으며, 내가 남에게 상처주지 않고 순간순간을 의미 있게 또 짐 되지 않게 살아야겠다고, 그리고 거울을 자주 보면서 수수하고 정겨운 뒤란 같은 뒷모습을 가꾸어야겠다고 다짐하며 일어난다.

창밖엔 정오가 가까워지고 있다. 나도 많이 남은 시간에 다른 일을 해야겠다.

아! 세월은 자아알 가안다 아이 아이 아이

―길갓집의 子正 무렵

오래된 옛길로 접어든다. 나무 대문을 열고 넓지 않는 마당을 지나 한지 발린 격자방문을 열고 어린 날 누웠던 내 자리로 들어간다.

초가 삼 간. 방 두 칸, 부엌 한 칸. 부모님과 어린 우리들이 한 몫을 거들어 지은 집이다.

큰방엔 여덟 명이 잤고 옆방엔 할머니와 삼촌들과 오빠가 잤다.

여덟 명은 아버지와 어머니 사이엔 어린 남동생이, 어머니 옆으로 딸 다섯 명이 나이 어린 순으로 누웠다. 두 채의 이불 속에는 구들목으로 발이 다 모였고 부챗살처럼 펴져 누워 잔다.

식구가 많다보니 같이 행동한다. 누구 한 사람 잠이 와도 자리를 차지하기 때문에, 방 가득히 이불 펴고 함께 자고 일어났다. 누구도 비좁다고 불평하지 않았고 의례히 그렇게 사는 줄 알았다.

나는 항상 잠 드는데 시간이 오래 걸렸다. 코고는 소리도 들리고, 돌아눕는 소리, 잠꼬대를 들으면서 혼자 깨어 침만 꼴깍 넘기고 있다. 그 이유를 오랜 세월이 지나서 알았다. 걸어 다니고 앉아 있을 때는 못 느끼는데, 이불 덮고 누웠을 때 이상하게 발이 아주 차가웠다.

"니 발은 왜 이리 참노." 하던 언니의 말이 떠올랐다.

그랬다. 발이 굳은 치즈처럼 덩어리졌음을 느꼈다. 발이 따뜻해져야 하는데 발을 부비고 해도 그 시간이 오래다 싶을 만큼 천천히 녹아 잠을 자도 절반의 잠을 잔 것 같았다.

길갓집.

열 발짝도 안 되는 마당에, 80cm의 방 높이는 낮에는 몰라도 밤의 고요함 속엔 한데 길이다. 사람들이 두런거리며 지나가는 소리, 울리며 들려오는 구둣발자국, 급하게 쫓기는 소리 뒤엔 호루라기 소리, 신작로를 훑으며 쓸고 가는 긴 치마의 바람소리, 모처럼 들리는 여자의 경쾌한 빼닥구두 소리, 겨울밤 찹싸알떡 외치는 소리, 야경꾼의 딱딱이 소리, 주정뱅이 벽에다 오줌 누는 소리….

철따라 먹지 같은 그믐밤도 있지만, 아주 큰 보름달이 한지를 통해 넘치게 비춰오는 우련한 달빛에 방안이 환하였고, 푸르스름한 달빛은 넓고 넓은 장천을 쓰다듬는 중음신이 돌아다닐 것 같은 밤도 있었다.

나는 혼자서 오늘도 기다리고 있다. 자정 무렵에 들려오는 노랫소리를, 누구인지 모르지만 남자의 밝고 힘찬 노래는 아마 테너에 가까운 소리였다.

밤의 꼭짓점에서 만물이 엎드려 자고 있을 때, 성악가는 무대인양 걸어가며 목청을 높이는데 그에겐 깊은 밤 세상은 객석의 청중이라고 생각했을지도 모른다. 매일 밤 노래가 다르다. 어린 나이에 들어본 적 없는 노래지만 아직도 기억하는 것은 아— 세월은 잘 가안다 아이 아이 아이 이다.

어느 날은 우리나라 말인지 외국말인지 모르겠고 노랫말을 모르니 그냥 듣고만 있다. 눈이나 비올 때 빼곤 자주 들렸으니까.

사실 너무 궁금하다. 우리 동네 목사 아들이 중학교 음악선생님이라 했고 파마머리를 해서 다닌다는데 얼굴을 모르는 그 사람인지, 아니면 피난 시절에 와서 그대로 눌러 앉은 성악가인지 알 수 없지만 그게 무슨 대수랴.

밤마다 혼자 듣는 노랫소리, 그 사람은 내가 듣고 있는 줄 모를 것이다. 한 번도 쫓아나가 만나보지 않았으니까. 우리 집에서 300m 안 되는 지점에 신천이 흐르고 있으니 그곳에서 발성연습을 하는 모양이다.

아마 목소리로 가늠할 때 한창 청춘을 지나가는 사람일 것 같다. 꼭 음악회가 있어서가 아니고 매일매일 준비하는 것이 예술가의 마음가짐이 아니었을까. 얼굴도 모르고 이름조차 몰랐기에 더 그리운 듯하다.

언제부터 노랫소리 들리지 않았을까. 돌아서서 한껏 팔을 뻗치면 잡힐 것 같은, 기억이 가물거리는 까마득한 옛날을 불러 세울 수 있을까. 지금은 고성방가로 경범죄에 걸릴지도 모르지만 방음장치된 곳에서 연습할 것 같다.

아직도 기억 저편에 남아 있는 아름다운 노래는 오래도록 나에게 잊혀지지 않을 것이다.

아 세월은 자아알 가안다 아이 아이 아이-.

오지 않는 답장

6·25 60주년

TV에서 특집방송이 방영되었다. 전쟁 장면으로 B29 비행기에서 폭탄이 투하되고, 포탄이 터지는 속에 사람이 튕겨지고, 긴 피난 행렬, 전쟁의 참혹함과 그 속에 부딪혀야 하는 처절한 인간상들을 보여주었다.

아마 그날 오전쯤이었다. 스크린에는 박동규 교수의 얼굴이 비치고 대전국립현충원이 소개되었다. 푸른 잔디 속에 하얀 비석과 항아리에 꽂힌 하얀 꽃들이 아직 시들지 않은 것을 보니 가족들이 다녀간 지 얼마 되지 않았나 보다.

천안함 묘역에 앉아 있는 가족들과의 인터뷰 장면도 보여주었다. 채널을 바꿀까 하다가 〈편지〉란 말에 채널을 돌리지 못하고 끝까지 보게 되었다.

그곳에 남편이나 자식 또는 동생들이 깊이 잠들어 있는, 이미 세상을 떠나 유명을 달리 했지만 나라를 위하여 목숨

바친 그들을 잊지 않고 찾아와 비석 앞에서 눈물을 흘리는 모습을 보며, 박 교수의 굴곡지고 울림을 주는 특유의 어눌한 말솜씨가 눈물을 자아낼 만큼 감동적이었다.

대전국립현충원에는 편지가 자주 온다고 한다. 그러면 직원이 편지의 주인공 이름이 적힌 비석 앞에서 일일이 읽어주곤 한단다. 어느 아버지는 700통이나 넘는 글을 아들에게 띄우는 애틋한 사연이 있단다. 세상을 떠난 지 몇 년이 지나도 피붙이를 잊을 수 없어 일기 쓰듯이 잡다하고 사소한 일에서 나아가 아들이 살아 있다고 믿고 마주 앉아 이야기 나누듯 편지를 쓴다. 보는 이들로 하여금 안타까움에 아름다운 가슴 저린 부정을 본다. 생나무처럼 싱싱하고 꽃 같은 젊음과 청순한 사랑도 바랐을 것이고 내일에 대한 희망도 가졌을 자식이 아니던가.

이제는 편지 쓰는 사람도 드물어 희소가치를 느끼는 요즘이다. 전화도 있고 이메일도 있어 우표를 붙여가며 가슴 설레는 연애편지를 우체통에 가져가는 것마저 아주 특별한 일이 되고 있는데….

어제까지 아리따운 청춘의 나이로 조국을 위해 산화했지만, 부모가 겪어야 하는 참척은 애통하고 눈 감기 전에 가슴에서 떠나지 않는다. 살아서 못 다한 말, 못다 이룬 꿈, 서리서리 펴가며 편지 쓸 때에 무당의 입에서 주저리 주저리 나오는 한 맺힌 이야기가 그러할 것이다. 얼마나 간절하면 그러할까.

젊은 날 죽은 그 모습은 늙지도 않는다. 너의 계절은 끝났지만 앳되고 늠름하고 끓는 피로 활짝 핀 사진을 지갑 속에, 아니면 마음 깊은 곳에 묻어둔다. 남녀의 사랑은 변하면 돌아눕거나 떠나기도 하련만 뼈와 살을 나눈 자식은 햇빛에 광목 바래듯 희어지지 않고 더 진한 불그레한 깃광목으로 남아 있다. 누가 시킨 강요의 편지가 아니다. 마른 하늘의 날벼락 같은 현실을 받아들이기 힘들고, 보낼 수 없어 감정이 정리되지 않는 절절한 이야기일 것이다. 그보다 더 진실한 말이 있을까.

그 아픔은 감출 수 없고 세상 누구 앞이라 부끄러워할 만큼 예의를 차릴 수 없다. 통곡을 하다가 쓰러져 우는 엄마들, 마디마디 가슴 밑바닥에서 올라온 소리, 그 깊고 절통한 사연을 눈물 없이 들을 수 있으랴. 흔히 죽은 사람 너무 부르지 말라 한다. 저 세상 가다가 부르는 소리에 자꾸 뒤돌아보면 다음 생을 받아야 할텐데 가지 못하고 중천을 떠돈다고. 그 아버진 이승과 저승을 넘나드는 석남화처럼 글을 쓰고 또 쓴다.

호국의 달 6월이 오면

'산 옆 외따른 골짜기/ 혼자 누워 있는 국군을 본다.' 로 시작되는 모윤숙 시인의 시 구절 '스물다섯 젊은 나이에 죽은 자랑스러운 소위였던, 그대가 주고 간 마지막 말을…(하략)'

또한 궁노루 산울림 달빛타고 흐르는 〈비목〉을, TV 가요무대 시간의 6·25 특집이 항상 내 마음 우수에 젖는 생각에 잠기게 한다.

전쟁은 언제나 한창 벙글어 꽃피울 젊은 남자의 피를 요구하고, 전쟁의 참상을 다 알면서도 자신이 죽지 않으니까 그래서 전쟁을 일으킨다. 사람이 어떻게 이 세상에 와서 살게 되는가를 진정 안다면 사람이 사람을 죽이는 싸움을 한단 말인가.

아직 세계 곳곳에 이글이글거리는 전쟁이 이어지고 있다.

언제쯤 5월 같은 평화가 오려나.

남영숙

- 가을의 송사
- 남과 여, 그들의 이중주
- 노도에서
- 도시의 유목민

남영숙_ 경북여고 졸업. 이화여대 사회복지학과 졸업. <현대문학>으로 등단. 현대문학 수필작가회, 한국문인협회, 이대동창문인회 회원. 대구문인협회 부회장 역임. 현, 영남수필문학회 회장. MBC 문화센터 수필 강의. 한국예총 대구시연합회 예술상 수상. 원종린 수필문학상 수상. 작품집 ≪아날로그적인, 그 아름답고 그리운≫ ≪도시의 유목민≫

가을의 송사

햇살이 날을 세우고 덤벼들던 여름 동안 가을이 영영 올 것 같지 않아 몹시 그리웠다. 이제 그 그립던 가을도 짙어졌다.

한 두 잎 우아하게 떨어지던 잎들도 지친 것인가. 건듯 부는 바람에 빗물처럼 쏟아져 땅 위에 눕는다. 떨어져 누워야 제 소명을 다하는 것인 듯 그렇게.

며칠 전 올해 세 번째의 조문을 다녀왔다. 달포 전의 문상 때 팔순을 넘겨 떠난 지인의 부친 앞에서는 그저 경건하였다. 그것이면 되었다. 그러나 후배의 영정 앞에서는 눈물이 그렁하게 고인 눈을 감을 수가 없었다. 감으면 눈물이 방울방울 떨어질 것이어서 자꾸만 눈물을 삼키었다.

무성영화처럼 세상의 소리는 다 죽고 검은 옷의 상주와 문상객들의 동작만이 활동사진처럼 분주하였다. 영정사진 속의 그는 조용히 웃고 있었다. 어느 한때, 자신의 세상과의 빠른 결별을 모르던 행복한 순간이었을 것이다. 한 치 앞을 모르는 저 맑은 웃음이라니. 그가 웃고 있지만 않았어도 나는 그렇게 처연해지지 않았을 것이다.

우리 앞의 길 위로 무엇이 놓여 있을 것인지 모른다는 것에 우리는 암묵적인 동의를 한다. 어디멘가 우리를 부르는 그 무소불위의 힘은 인간이 세상으로 왔던 차례를 지켜주지 않는다. 모두가 그러하듯 그도 자신만의 지도와 나침반으로 항해하다가 거센 물결을 만나 그 소용돌이에 부서지고 만 것이다.

그렇게 일순 삶의 경계의 이쪽저쪽으로 나뉘어졌다. 사람살이의 허망함이여 그 씁쓸함이여.

죽은 자에 대한 애절한 정은 다시는 볼 수가 없다는 것이다. 영원한 결별이란 얼마나 캄캄한 것이냐. 슬픔에 대한 저항력은 생기지 않는 것일까. 슬픔이 올 때마다 면역 없어, 또 아프다.

여인답지 않게 성품이 호방하고 너름새가 푼푼하여 같이 있으면 유쾌해지는 사람이었다. 그와의 아름다운 기억은 문신으로 남아 지워지지 않을 것이다. 그가 사람 좋은 얼굴을 하고 선배라고 부르며 사진틀을 박차고 나올 듯하다. 우리의 생은 돌아갈 것을 전제로 출발한 것이 아닌가. 그럼에도 이토록 망연할까. 성미 급한 사람, 어찌하여 그 길을 그리

서둘렀는가. 사위어가던 신체의 기관이 물의 흐름을 잠가버린 얼음처럼 일시에 기능이 정지되었으리라. 이제 그를 구성하던 모든 것들은 흐름을 멈추어 다시는 밖으로 표출되지 못하고 껍데기 속에 갇혀 육신과 함께 소멸해갈 것이다. 육신과 결별한 그의 영혼은 윤회하여 다음 생에서는 장생을 누려야 하리.

언제인가 한 친구가 악에 받친 우리들만 살아남았다고 한 말이 스쳐 지나갔다. 그렇다. 아까운 한 사람이 가버렸다. 그리고 또, 남은 자들의 남루한 삶의 행진은 계속될 것이다.

장례식장을 나선다.

이제 나무들은 거의 벌거벗었다. 떨어져 누운 낙엽에 한 해를 마감하는 우수가 묻어 있다. 주변은 철시한 상가처럼 쓸쓸하다. 그 속을 조문객들이 종종걸음으로 들어온다. 누구의 영전으로 가는가. 깊은 추모를 위하여, 그저 사람의 도리를 위하여 모두들 분주하다. 그들이 이곳을 떠나는 순간 고인은 잊혀진다. 그것이 사람의 매정함이다. 아니 삶의 매정함이다.

한 줄기 회한이 일어난다. 우리는 그가 병상을 지키기 얼마 전 만날 수도 있었다. 서로의 일정이 엇갈려 내일, 모레 하던 터였다. 얼마 후, 전화 통화에서 그가 잠들었다는 가족의 말만 들었을 뿐, 그와는 이야기를 나누지 못했다. 또 한

번의 통화에도 다를 바가 없었다. 유추해 보면 그때, 그는 이미 영면(永眠)으로 바투 다가서고 있었던 듯하다. 그토록 황망히 그는 가버렸던 것이다.

그렇게 미룰 것이 아니었다. 간단없이 돌아가는 일상의 쳇바퀴에 치여 서로 만나지를 못했다. 무슨 우선순위가 그리 많았던 것일까. 그때 한 번 보았더라면 이렇게 아쉽지는 않으리.

그가 마지막으로 보았던 세상의 모습, 아름다운 가을을 그에게 헌정하고 싶다. 이제, 이승에서 사진으로만 존재하는 그가 몹시 그립다.

우리의 행로가 그리 긴 여정이 아니거늘 좋은 사람 있으면 단박에 만날 일이다. '이 다음에'라고 말하지 말 일이다. 이제 가을마저 가버리면 겨울이 오고 또 한 해가 간다. 이 해가 가기 전 그리운 사람 불러내어 얼굴 마주하는 것도 좋을 듯하다.

남과 여, 그들의 이중주

방안 가득 신명이 흥건하게 고인다. 여럿이 어우러진 한마당이 노래로 출렁인다. 한 사내가 가끔씩 지인들과 들러 마음의 찌꺼기를 헹구는 곳이다.

그 노래방에 오늘은 단 한 여인과 마주 섰다. 오랜 세월, 그의 가슴에 못으로 깊숙이 박혀 있던 사람이다. 너무 실하게 박혀 일생을 두고 뽑아내지 못하였다. 온갖 노랫말에 실은 자신의 속내를 그녀에게 털어 놓았다. 사십여 년 전 앳된 새내기 대학생이던 여자는 지금 이순을 눈앞에 둔 교육자가 되어 있다.

그때 숫기 없던 남학생의 사랑은 이루어지지 않았다. 주변만 서성이다가 그를 어이없이 보낸 후 그림자만 꼭 붙잡아 두었다. 그것은 생의 마디마다 화석으로 남았다. 꽃잎 하나에 묻어 봄날의 화석이 되고, 낙엽 하나에 묻어, 또 가을화석이 되었다. 시간의 지층은 그것들을 아우르며 켜켜이 쌓여갔다.

사람들의 가슴속엔 늘 그리움이 존재한다. 그 대상이 사람이라면, 더욱이 연모했던 사람이라 한다면 그 은밀한 끈적임이라니. 조금 숙지근해졌지만 사람 찾기 카페가 열풍을 일으킨 적이 있었다. 그도 거기에 편승하여 아련한 기억 속의 그녀를 찾아낸 것이다. 남자는 말로써, 노래로써 자신의 마음을 절절하게 '배설'해 놓고 여인과 헤어졌다. 참으로 놀라운 카타르시스였다. 그 일 이후, 일생을 두고 그리던 여인을 온전하게 잊은 것이다. 감정적인 것이든 생리적인 것이든 쏟아낸다는 것은 인간을 몹시 후련하게 한다. 오래 참아, '임계점'에 이른 배설물을 쏟아낸 후의 시원함이란.

수일 후 그녀는 그에게 전화를 하였다. 그렇게 끝을 내면 자신의 감정은 어떻게 처리해야 하는 것인지, 왜 이제야 '사랑'을 쏟아놓는 것인지, 도무지 혼곤하여 자신을 수습할 길이 없다는 것이었다. 남자의 과거형의 불길이 여자에게 옮겨 붙은 것이다. 그들의 후일담에 대해서는 들은 바가 없다.

사랑은, 대체로 등을 보인다. 그래서 남과 여, 그들의 이중주는 불협화음일 때가 많다.

경부선 고속열차에 네 명이 마주 보며 실려 갈 수 있는 좌석이 있다. 부산에 있는 선배의 혼사에 참석하는 길에 네 명이서 그 좌석에 탔다. 속 깊이 소통되는 친구가 있고, 누구에게도 방해 받지 않는 얼마간의 온전한 내 시간이 있으니 얼마나 즐거운가. 하루의 한 귀퉁이를 베어낸 맛깔스런 여행이다. 이야기를 들은 것은 그 기차 안에서다.

이야기를 하는 이나 듣는 이나 무척 흥미로운 표정이다. 그것은 흔히 농담처럼 흘리고 마는 일탈에 대한 암묵적인 동의이기도 하다. 그것이 삶의 여유에서 오는 것인지 혹은 허기에서 오는 것인지 알 수는 없다. 그들은 성실한 아내, 자상한 어미 노릇을 참으로 무던히 해낸다. 엄혹한 현실에서 한 치도 벗어나지 못하는 것이다. 확실한 '감정의 분리수거'인 셈이다. 그것은 단단한 빗장이 되어 대문 안을 지킨다. 그러한 그들의 눈빛이 안개꽃처럼 아련해지고 입가에 미소가 번진다. 통속의 이야기는 매혹이다. 매혹은 그러나 언제나 위험하다. 완전연소되지 않을 양이라면.

여기서 바람기라는 용어에 대하여 생각해 보기로 한다. 사전적 의미는 '이성에게 쉬이 이끌리는 들뜬 성질'이다. 무릇 생물이라면 다 가지고 있을 속성이겠으나 감정이라는 신묘한 괴물을 지닌 인간에게는 특별한 성질이다. 바람기란 남녀노소 구분 없이 태초에 신으로부터 부여받은 것이 아닌가. 그것은 음욕과는 구별된다. 사랑이라는 감정의 밑절미가 되어 인간을 농락한다.

모 일간지 신춘문예의 최종심에 오른 수필 한 편이 있었다. 작품의 완성도는 차치하고 그것은 파격이었다. 수필 속의 화자는 필자와 동일하니 소설과는 달리 서술이 제한적일 수밖에 없다. 그럼에도 내용과 표현의 수위가 아슬한 지경이었다. 글쓴이의 용기는 무척 놀라운 것이었다. 이를테면 금지된 사랑의 이야기를 우회적인 언급보다는 직설법으로 썼다. 인터넷에 올라와 있는 그 글은 조회수가 다른 글을 단연 압도하는 것이었다. 누가 읽는지는 모를 일이었다. 가슴에, 가연될 수 있는 불씨 하나씩을 가진 것일까. 표출되어야 할 인간의 근원적 욕구인 '리비도(libido)'의 감각적인 해소를 하고자 함일까. 사람들의 속내를 은근히 들여다 본 셈이다.

십여 년 전의 소설 <매디슨 카운티의 다리>에서 킨케이드와 프란체스카의 사랑은 미국 여성들을 들뜨게 했다. 그것은 국내에서도 출간되어 많은 독자를 가졌었다. 대리만족이라는 심리였을까. 나흘간의 농밀한 불륜의 사랑이 아름답게 느껴지는 것은 그들의 사랑이 첫사랑처럼 순도가 높았기 때문이라는 생각이다. 혼외의 사랑에게 '순도'라는 단어를 부여할 수 있을까 싶기는 하지만.

킨케이드가 실재(實在)한다면 큰 키를 하고 고독해 보이는 뒷모습과 형형한, 그러나 따스한 눈빛을 가졌을 것이라는 상상을 했었다. 기혼의 여인에게 가슴을 비집고 한 소절의 사랑이 스며든다면 모두 어떻게 대처할까. 문득 궁금하다. 그러나 현실과는 커다란 간극이 있어 책 속의 멋진 사랑은 환상일 뿐이다.

인간의 뇌에는 도파민이라는 생리 활성화 물질이 있다고 한다. 그것은 예측할 수 없는 상황일 때, 어떤 일을 성취한 후보다는 성취하는 과정일 때, 그리고 새로운 무엇을 접할 때 분비되고 증가한다는 것이다. 특히 새로움의 대상이 사람일 때 슬쩍 마음의 훈풍이 일어난다. 결혼을 앞두고 준비하는 과정에서 한 여인이 운명의 사람으로 다가와 깊은 갈등에 빠진 적이 있었다는 어떤 젊은이의 고백이 실소를 자아낸다. 큐피드의 황금화살의 표적이 누가 될는지는 아무도 모른다. '사랑하지 않는 자는 모두 유죄다'라는 도발적인 말을 던지는 젊은 세대의 드라마 작가를 그런 맥락으로 이해할 것인가.

"인간이 어찌 일생 동안 한 사람만을 사랑할 수 있을까. 그러나 표출되어서는 아니 될 것이 너무 많음을 …(중략)… 또한 인간이 한 번의 선택으로 인한 채무를 …(중략)… 강도 높은 사랑이 찾아온다면 …(중략)… 삭이고, 묵히며 승화시킬 때까지의 그 한스러움이 멋이 되는 게 아닐까." 멋과 한에 대한 소회가 담긴, 친구가 보내온 글이다. 가끔은 흔들리고 싶다는 그의 말마디는 마음에 아릿하게 남았다. 반려와의 절묘한 화음을 이루지 못한 팍팍한 삶에서 연유하는가 싶기도 했다.

사랑, 대단한 유혹이다. 영화 속에서 매혹되고, 책 속에서 이끌린다. 그런들 어떠랴. 젖은 생 건너면서 가슴에 바람 한 점 지닌들 어떠랴. 그것은 눅눅한 욕망이 아니라 인간의 속절없는 원시성일 뿐이다.

노도에서

가멸찬 눈요기의 초록융단은 경작할 토지도 없는 마을사람들의 척박한 삶이 만들어낸 작품이다. 45도로 경사진 산자락 위에 인간의 몸인지 기계인지 구분이 없는 '손'으로 석축을 쌓아, 흙을 넣은 땅을 덧대고 이어 만든 층층의 아름다운 논은 인간이 만든 절묘한 수공예품의 집적이었다. 정교하게 조각이불처럼 붙여 나간 칠백 여 개의 논배미를 산의 등뼈에다 수놓은 것이 남해 섬의 다랑이마을이다. 지금은 훌륭한 관광자원이 되었으니 세월이 만들어낸 아이러니다. 흐르는 세월이 만드는 반전이 어디 그 곳뿐이랴.

그 산에서 내려다보면 깊숙한 앵강만이 한눈에 들어오고 서포 김만중의 마지막 유배지인 노도가 아늑하게 내려다보인다. 아늑하다는 단어를 써도 될까. 유배객의 한이 서린 그 곳을.

노도는 한국 고전소설의 대표작가, 조선의 지성 김만중

선생이 56세를 일기로 생을 마감한 곳이다. 그의 유배 길은 당시 한양에서 남해 섬까지 천리 길이다. 그 먼 길을 와서 다시 바다를 건너는 뱃길이 무거운 것은 돌덩이 같은 한의 무게가 아니었으랴. 유배지의 누옥에 당도한 후 가슴의 한기를 어찌하였을꼬. 육신보다 정신의 격리감이 겨울의 삭풍보다 더 추웠으리라. 구태여 섬이어야 했을까. 물이 인간에게 주는 격리감은 육지보다 훨씬 강렬하다.

격리의 외로움과 고통에 더하여 꿈에도 잊지 못하는 어머니를 유배 중에 여의고, 멀리서 애통해만 할 뿐 속울음마저 삼켜야 했을 그 정황이 눈물겹다. 김만중은 병자호란의 참상 속에서 아버지가 순절하여 피난 가던 배 위에서 유복자로 태어났다. 피난길에서 태어나는 새 생명이나 출산을 하는 모성이나 그 강인함은, 인간의 장엄한 생존 능력은, 감동적이다. 문득 생각한다. 그의 탄생이라는 지렛대가 들어올린 국문학의 성과는 얼마나 큰 것인가를. 역사의 큰 물굽이는 새옹지마 같은 필연이 아닌가 한다.

명문 사대부가문이라 하나 아비 없는 아이를 위해 윤씨부인은 엄한 훈육으로 자식을 길렀다. 그에게는 아버지며 어머니, 선생이었다. 그런 어머니의 임종을 지키지 못하였으니 그 한이 오죽하였으랴. 비수로 내려 긋듯 가슴에 예리한 자상을 남긴 채 모자는 삶의 경계의 이쪽저쪽으로 나뉘어졌다. 죽은 자에 대한 애절한 정은 다시는 볼 수가 없다는 것이다. 영원한 결별은 얼마나 캄캄한 것인가. 유배생활 10개월 만의 일이다.

'연표'라고 표기되는 역사적 사실은 역사의 뼈대일 뿐, 연표의 행간에서 역사를 완성하는 것은 개개인과 그 주변의 정황이다. 그것을 우리가 확인할 길은 없다. 구전되고 추정될 뿐. 그의 고통과 슬픔을 상상하면 가슴이 저릿해진다. 그러나 유배는 그를 풍화시키지 않고 주옥같은 작품을 남기게 하였다. 생의 말미에 대는 아름다운 끝동이 아니랴. 세 번째의 유배지인 노도, 그 섬에서 <구운몽>, <사씨남정기>, <정경부인 윤씨행장>을 쓰고 생이 저물고 말았다. 그의 사상과 문학관이 담겨있고 조선조 문학비평의 고전으로 평가받고 있는 <서포만필>을 함께 남기고.

그가 유배 길에 자주 오른 것은 그의 가문이 서인의 기반 위에 있었기 때문에 치열한 당쟁을 피할 수 없어서였다. 붕당(朋黨)이란 조선 중기 이후 특정한 학문적, 정치적 입장을 공유하는 양반들이 모여 구성한 집단으로 현대의 정당정치와 비슷하지만 다른 것은 학문적 유대를 공유했다는 점이다. 학문하는 그들이 처음부터 파벌로 대립하였으랴. 역사에서 만나는 현인들, 대문장가, 탁월한 정치가들이 파당에 속해 있었음을 알고 나면 만물의 영장이라는 사람도 종(種)

의 속성에서는 자유롭지 못하다. 누구인들 인간속성의 족쇄에서 벗어날 수 있겠는가. 역사란 인간의 오욕칠정이 만들어내는 삶의 궤적들이다. 인간이 집단으로 연출하는 드라마다. 권력의 축이 이동해 가면서 힘의 수레바퀴에 치어 죽은 자가 얼마인가.

강직한 성품으로 역린(逆鱗)에 닿았다. 임금의 노여움에 이른 것이다. 서인의 세력에 기반을 두었다고는 하나 김만중은 선두에 나선 것도, 자신의 이익을 취하려는 것도 아니었다. 당쟁보다는 인도주의적 견지에서 직언을 한 것이었으나 이미 서인의 계열이면 그것은 관성이다. 자신이 원하지 않아도 서인에게는 관성으로 작용하여 그 영향권을 벗어나지 못하게 한다. 사람의 운명의 씨앗이란 누구이든 자신도 모르는 사이에 파종되어 자란다.

군왕도, 풀잎처럼 스러졌던 민초들도, 서포 선생도, 당쟁의 피해자도 가해자도 모두 사람의 무리 속에서 한 생을 호흡하다가 갔다. 그들의 궤적을 모두 따라가 볼 수는 없지만 뚜렷하게 남아있는 것은 김만중의 문학이다. 그것은 자체 방부성을 가져 소멸되지 않는다. 그가 떠난 지 삼백 년이 넘었지만 그의 문학의 봉우리는 국문학의 산맥에 우뚝 솟아 있다.

서포의 유허지에 그가 팠다는 샘에서는 아직도 물이 솟아

오른다. 그의 염원인가. 노도에 '김만중 문학관'이 건립된다고 한다. 노도에서, 세상에 헌혈하듯 그는 작품을 썼고 후대는 선대의 후광에 그냥 빛지지 않는다. 삶은 그렇게 합창이다. 그 옛날 외롭고 쓸쓸하던 작은 섬은 이제 풍성한 사람의 발자국으로 뒤덮일 것이다. 문학과 섬, 두 단어의 만남이 이룩하는 낭만적 분위기가 가슴을 설레게 한다. 섬이 꿈꾼다, 문학이 꿈꾼다. 문학의 섬에서 우리가 꿈꾼다.

도시의 유목민

우아한 청춘의 남녀가 부부로 탄생되고 부케가 던져졌다. 하객들이 웃음과 담소를 양념처럼 버무리며 음식을 먹는다. 의례적인 인사가 오가고 사람들은 썰물처럼 빠져나갔다. 아직도 그들의 체온이 남아있는 빈 의자들만 덩그러니 남았다.

쓸쓸한 풍경이다. 문득, 외로움을 느낀다.

그들은 다 어디로 간 것일까. 물과 목초를 찾아 이동하던 유목민처럼 홀로, 혹은 무리를 지어 다음의 목적지를 향하여 이곳을 떠났을 것이다.

별다른 용무가 없어 하릴 없이 돌아 온 나를 맞은 것은 아이들이 장성해서 떠나버린 빈 집의 적적함이다. 식탁 위의 신문을 집어 든다. 이름난 라디오 프로그램 진행자의 글이 눈에 띈다. 청취자들이 응답한 외로움에 대처하는 방법과 함께 자신의 소회를 적은 글이었다. 사람들의 외로움은 뜻밖에도 깊었다. 밥을 먹으며 밥알을 세기도 하고, 보리과자 두 봉지를 쏟아 놓고 어느 것이 더 많은 개수를 가지고 있는가를 가려내기도 하고… 압권은 자신에게 문자메시지를 보내고 또 답장을 한다는 것이다. 그가 모교에서 가르치고 있는 후배들의 가슴앓이 또한 깊은 것이었고 자신도 때때로 그 쓸쓸한 느낌에 침몰해 버린다고 한다.

지난 기억들은, '지독히 고독할 때면 산을 오른다. 요즈음은 청진기를 품속에 지니고 간다. 나무의 가슴팍에다 그것을 대고 너는 얼마나 쓸쓸하니, 그리고 너는, 또 너는. 하고 묻는다.'는 어느 중진 문인의 표현에 찬탄을 금치 못했던 일을 떠올리게 한다. 그렇듯 홑이불로 슬쩍 가려져 있어 바람 한 번 일렁이면 와락 뛰쳐나올 외로움들이 도처에 가득하다.

인간은 왜 그렇게 외로운 것일까.

사람들을 연결하는 통신수단의 발전은 가히 혁명적이다. 우리를 이어주는 물리적 장치는 그렇듯 눈부신데 진정한 소통이란 것이 이루어지고 있기나 한 것인가. 역설적이게도 통신매체의 범람이 도리어 그것을 어렵게 한다. 독서실의 칸막이처럼 자폐의 공간에서도 바깥과의 접속이 무한대로 이루어지는 세상이다. 다수와의 접속으로 관계의 폭은 넓다. 그러나 그저 표피적인, 일방적이고 선택적인 접속일 뿐

관계의 깊이는 없는 것이다. 소통은 서로간의 이해를 전제로 한다. 이해란 깊은 교감 위에서 일어나는 것이니 표피적인 접속으로 그것을 얻을 수 있겠는가. 말은 난무하되 속내 깊은 대화는 없다. 비밀번호로 무장을 하고, 자신만의 공간에 안주하면서 물 위의 기름처럼 서로 겉돌 뿐이다. 그것이 외로움을 부추긴다.

그것은 온라인에서만의 문제가 아니라 그 공간의 밖에서도 마찬가지이다. 광범위한 교제만 빈번하게 일어난다. 외교적 수사들만 가득하거나 더 크지도, 작지도 않을 도토리 키들을 서로 견주어 보려 하는, 공식적이고 형식적인 만남 후의 귀가 길은 늘 공허하다. 객창에 걸린 달빛보다 도시의 소음과 군중 속에서 더욱 진한 외로움이 느껴지는 것이다. 그럴 땐 발길이 터벅터벅 소리를 낸다. 숲을 이루지 못하고 도심에서, 거리에서, 공해와 소음에 시달리는 나무가 자신의 모습인가 한다. 그것은 이 시대 우리 모두의 자화상이기도이기도 하다.

그러나 하늘 아래 홀로이지 않은 존재가 어디 있으랴.

'외로우니까 사람이다.'라는 시인의 말은 외로움은 인간이기 위한 필요조건이라는 것이 아닌가. 인간은 일생을 통하여 그것을 주재할 의무 또는 권리를 갖는다. 육신을 싸고 있는 피부처럼 동반할 수밖에 없는 숙명이다. 그렇다면 그 쓸쓸한 감정에 '농락' 당할 일이 아닌 것이다. 사실, 외로움이란 고급 감정이다. 희, 노, 애, 락에 대한 상위의 개념이다. 어떤 이는 길을 떠나 눈물이 펑펑 쏟아질 만큼 고독감을 느낄 때 여행의 묘미를 느낀다고 한다. 그러기 위하여 일부러 집을 떠나 자신의 내면과 가장 고요하게 만나는 시간을 즐긴다고 한다. 배추가 소금에 절여져 맛있는 김치가 되듯 그냥 쓸쓸함에 절여져 보는 것이다. 발효된 외로움은 인간을 성큼 키우는 밑절미가 되기도 한다. 홀로인 느낌은 내면 성숙의 발원지인 셈이다.

그러나 그렇게 무리로부터의 단절을 즐기는 것도 녹록치 않은 역량이다. 그렇듯 외로움을 즐기지 못할 양이면 무리로 다가서는 길밖에는 없다. 등 돌린 만큼 외로운 것이니. 타인이 손 내밀기 전에 자신이 먼저 손잡아야 할 것이다. 그렇게 사람에게 걸어갈 수밖에는.

행복도 기술이라고 한다. 행복을 만들거나 느끼는 것은 개인의 재량에 달린 것이라는 말이겠다. 외로움을 주재할 별 역량이 없는 나는 물과 목초를 찾아 떠나는 유목민처럼 사람을 찾아, 소통을 찾아 집을 나서야 하리.

이병훈

이병훈_ 한국등산교육대학 수료. 현대문학수필작가회, 영남수필문학회, 한국문인협회 회원. 대구수필가협회 감사, 시동인〈평생글벗〉회원, 한국낭송문학회장. 문예창작대학 출강, 푸른방송문화센터 출강, 대륜학교평생교육원 출강. 2011대구세계육상선수권대회 성공기원문학제 등 다수 공연기획연출.

나가사키 단상

1945년 8월 9일 11시 2분, 나가사키에 원자폭탄이 투하되었다. 7만여 명의 고귀한 생명들이 한순간 회오리바람처럼 역사의 흙먼지 속으로 사라졌고, 도시는 잿더미로 변했다. 원폭전시관엔 그 때의 참혹함을 말해 주듯 피폭자의 두개골이 철모에 엉켜 있고, 여러 개의 공병이 사람 뼈와 함께 녹아 엿가락처럼 휘어져 있었다. 말로만 듣던 원폭의 폐해는 엄청난 것이었다.

자신의 이상을 전쟁으로 실현해 보려는 위정자의 흔적이 이곳에 고스란히 남아 전시되어 있고, 나는 호기심으로 그 장면을 재생해 보지만 마음은 편치 않았다. 이렇듯 인간의 오만과 무력함이 전시관을 가득 메우고 있는데, 우리는 그 무엇에 인간의 강함을 확인시킬 수 있는지. 잊혀져 가는 역사의 끝자락을 움켜잡고 마음속으로 절규해 본다.

나가사키는 일본의 폐쇄정책에도 불구하고 일찍이 동서

양 교류의 장이었고, 당시로는 유일한 무역항이었으며, 천주교의 성지이기도 했다. 1571년부터 서양문물이 첫발을 내디딘 곳이다 보니 천주교 등 외래종교도 이곳을 중심으로 자연스럽게 번져나갔다. 그러자 교세의 확장을 염려한 도요토미 히데요시는 마침내 1587년 나가사키에 천주교도 추방령을 내리게 되었다. 이에 많은 신자들에 대한 가혹한 박해가 있었으나 신앙의 절대성은 굽혀들지 않았다.

그 후 그때 순교한 스페인 신부 6명과 일본인 신자 20명에 대해 1862년 로마교황청은 성인으로 추대했고, 1864년에는 일본 최고의 고딕성당인 오우라텐슈도가 건립됐다. 26인 순교성당이기도 한 이 성당은 지금 일본의 국보로 지정되어 있다. 전시관 안으로 발을 들이면 정면에 이 성당의 전면이 세워져 있는데, 현장감을 살리기 위해 성당의 잔해를 중심으로 전시관이 건립되었다고 한다. 조명 때문인지 어두움 때문인지 검게 그을린 성당 기둥에 부조된 성모상이 눈물로 반짝이고 있음은 나의 착시인가.

2차 세계대전 당시 미군은 왜 하필 이런 곳에다 원폭 투하를 한 것일까. 인간생명의 존엄성과 인권을 가장 높은 가치로 내세우는 나라가 이렇게 할 수밖에는 없었던 것일까. 인류의 보편적 가치인 휴머니즘으로 반영해 보면 훗날 역사는 이 일을 어떻게 평가할까.

우리에겐 일본이라면 원형적인 배타성이 있다. 임진왜란 때도 이곳을 통해 네덜란드 상인에게서 건네받은 조총을 대량 제작하여 조선을 침공했고, 36년 간 우리를 송두리째 유린하여 민족 말살을 꾀했고, 지금도 역사 왜곡과 독도 문제 등으로 우리의 심사를 괴롭히고 있다. 유독 일본과의 문제에서는 상대적 상호 인정과 타협점을 갖고 싶어하지 않는다. 그런 그들도 나가사키·히로시마 원폭의 섬광 속으로 15만 명이 사라졌다. 이들도 꼼짝없이 당할 수밖에 없었을 절박함에 생각이 멎으니, 평소의 미움은 사라지고 정작 까닭도 모르고 죽었을 많은 사람들의 애꿎은 죽음에 묘한 연민의 정이 차올랐다.

돌아보면 인류의 역사는 투쟁과 전쟁의 연속으로 점철되어 왔다. 그리고 인류의 발전사도 그 폐허에서 싹이 텄었다. 진화론적 혹은 변증법적 측면에선 전쟁의 필연성이 주장되어질 수 있고, 인간 존엄성 자체가 전쟁의 파생어일 수 있다. 하지만 존재의 가치론적 측면에서는 전쟁은 영원히 부정되어져야 할 산물임이 분명하다.

전시관 저 만치에 있는 평화공원에 가니 당시 타버린 벽돌담을 그대로 보존하여 관심을 고조시키고 있다. 각 국에서 보내진 반전과 평화를 상징하는 조각들이 인간의 부단한 각성을 요구하며 도열해 있다. 한 켠엔 원폭의 참상에도 살아남았다는 문주란이 희생자들의 넋인 양 무리 지어 흰 꽃술을 뿌리고 있는데, 바람에 꽃대가 흔들릴 적마다 무심히 스치는 발길들에게 공존과 안녕을 당부하는 것만 같았다.

미국 해군장교와 일본 여인의 슬픈 사랑을 담은 푸치니 오페라 <나비부인>의 무대이기도 한 나가사키는 핵전쟁의 아픈 상흔 속에서도 일본 특유의 단아함을 잃지 않으며 도도히 흐르는 역사의 물결 속에 치유의 밝은 빛을 품고 있다.

<나비부인>의 '허밍코러스'가 엷은 안개에 실려 그리움으로 젖어 든다.

사랑의 열정은 영혼의 병인가

우리나라 최초의 여류성악가이고 당시 최다 음반판매량을 보유한 최고 인기의 가수였고, 방송국 사회자 그리고 패션모델이었던 윤심덕은 매력적인 외모에 맵시 있는 스타일의 선구적인 신여성이었다. 그녀는 <사의찬미>를 노래하고서 1926년 관부연락선의 선미를 박차고 그의 유부남 애인 김우진을 부둥켜안고 현해탄의 심연 속으로 몸을 던진 절망은 당시 대중들에게 큰 충격으로 받아들여졌다. 통속적인 해석처럼 윤심덕의 비극은 봉건적 사회 구조를 뚫고 막 태동하던 신여성들의 좌절된 사회적 정체성을 극명하게 보이는 '자살적 몸짓'이었으리라.

당대 최고의 가수와 지식인 김우진은 열정적 일탈로 기존의 굴레와 사회 체제를 먼저 공격했고 사회는 관습에 순치된 대중과 함께 윤리와 도덕을 들먹이며 신경증적으로 응전하였다. 이에 동반 투신을 선택한 것은 비정치적 정치일 수밖에 없는 체제에 대한 저항의 표현이었을 것이다. 우주 만상의 이치가 그러하듯이, 사랑속의 평형(equilibrium)은 곧 현상유지(status quo)에 다름 아니며 현상의 평화는 곧 권태로 이어진다. 니체 식으로 표현하자면, 그것은 '나태한 평화'인 셈인데 말할 것도 없이 평화가 모든 부분에서 바람직한 것만은 아닐 것이다.

'미친 사랑의 노래', '미친 사랑', '사랑에 미치다', '지독한 사랑', '중독된 사랑'.

사랑에 대한 열정에 흔히들 '미치다'는 말을 많이 쓴다. 또 다르게 '불타고 있다', '눈이 멀었다', '제 정신이 아니다'는 말도 쓴다. 이런 극단적인 말이 아니더라도 사랑의 열정은 그것에 사로잡힌 자들로 하여금 비정상적인 행위를 하도록 유도한다. 사랑에 빠진 자는 마치 현실이 영원한 듯, 시간을 벗어난 듯이 행동하고 자신의 상황은 '특이한 예'라고 스스로를 설득시킴으로써 현실적인 감각과 판단을 유보하는 관용을 갖는다. 어찌 보면 열정이 인간의 이성을 흐리게 만들고 자기행위의 합리화를 부추긴다고 볼 수 있다. 누군가는 사랑의 열정을 '영혼의 병'이라고 했던가. 혹은 '이성적 능력의 환기는 곧바로 모든 정열의 개입을 물리치는 것'이라고 말이다.

그러나 열정에 관해 이같이 부정적이고도 정신의학적인

시선만 있는 것이 아니다. 낭만주의자들은 사랑의 열정을 보다 긍정적으로 생각했다. 무엇인가 영원하고도 절대적인 것이 있기를 간절히 바라는 마음에서 열정에 사로잡힐 것을 갈망했다. 그들은 열정이 없는 인생은 무미건조하고 가치 없는 것으로 보고, '사랑에 죽는 것은 사랑을 알지 못하고 죽는 것보다 낫다'고 주장했다. 열정 없이는 어떤 위대한 일도 해내지 못한다고 생각한다면 사랑의 열정 또한 도덕적 희생을 강요하는 '광신'만이 아니라는 것이다. 아무튼 애정 관계의 다양성을 볼 때, 사랑의 보편타당한 답은 구하기 어려우므로 사랑과 열정은 신화와 환상에 불과한 것이 아닌지를 생각해볼 필요가 있다.

포털 사이트 검색 창에서 '사랑에 미치다'를 쳐보면 사랑에 미치기를 갈구하는 사람이 의외로 많음을 확인할 수 있다. 바이러스처럼 일순간 감염되거나 들불처럼 타오르기를 원하는. 누구나 한번쯤 그러한 사랑을 꿈꾼 적이 있을 것이다. 현실의 단조로움과 규칙을 벗어나 오로지 한 가지만을 위해 열정을 다할 수 있는 사랑 말이다. 이런 목마름은 친구의 남편도 예외가 될 수 없다는 드라마를 통해 '각자의 진실이 따로 있다'란 이해의 넓이로 접근하는 시청자의 반응이 사뭇 재미있다.

그런데 문제는 사랑의 열정이 개인의 자유와 존중받을 권리를 빼앗는다는 것을 생각하기까지 제법 오랜 시간이 걸린다는 것에 있다. 여기다 매우 슬픈 사실은 열정의 생명이 길지 않다는 것과 무진장한 고통이 수반된다는 것이다. 열정적인 사랑 속에 서 있는 사람은 흔들린다. 왜, 항상 불안하니까.

사랑하는 벗에게

아아 사랑하는 벗이여! 한 인간의 존재란 보잘것없는 것, 정말 보잘것없는 것임을 나는 분명히 알았네.

나의 책상 위에 어느덧 가을의 상념들이 쌓여 간다네. 자네의 뜰에도 생의 연민이 낙엽처럼 부지런히 쌓여 가겠지. 이제 곧 바스러질 그 소리에 초조해 하며, 한 사내의 절절한 사랑이 나의 가을을 이리도 무너지게 하는 까닭은 정말 시간의 엄격함 때문만일까.

우린 너무나 많은 것을 잊고서 살아왔네. 까까머리 학생 시절 녹슨 양철지붕 아래서 혹은 판잣집 골방에서 30촉 알전구 속으로 타들어 갔던 문학의 열정을, 철학의 시시비비를, 그리고 L.P판 한 장으로 천하의 소리를 얻은 듯한 그 소박했던 젊음을. 까마득한 날의 낡은 초상으로 묻어 버렸네. 하지만 잘 생각해 보게나. 그때가 우리 인생에서 가장 풍족했던 시절이라고 말일세.

내 옆에서 나를 위해 눈물을 흘릴 수 있는 자네가 있어 주었고, 책 속의 진리에 대한 믿음이 있었고, 의로움이 무엇인지, 인간에 대한 예(禮)가 무엇인지, 그땐 우리들의 가치관에 대한 확고한 신념과 순수한 열정만이 전부였던 시절이었네. 얼마나 가슴이 불타올랐던가. 자네에게 묻고 싶네. 그 시절 밤을 새워 전율했던 '햄릿'의 달콤한 고뇌의 맛을 어느 한 순간 그리움으로 환원시켜 본 적이 있는가를. 아니면 자살할 수밖에 없었던 '베르테르'의 슬픔이 허기진 가슴팍을 후려치고 지나감을 단 한 번이라도 느껴 본 적이 있는가를.

우린 정말 많이도 걸어왔었네. 서리진 들판에 홀로 선 것 같은 황량한 외로움에, 세상 끝에 선 듯한 몸서리치는 절박감으로 얼마나 우는 날이 많았던가. 손바닥 넓이의 디딤돌 위에서도 목숨의 굽이친 연(緣)을 잡고 얼마나 탐했었나. 그 욕망의 먼지 속에 삭아가는 젊음과 더불어 모든 것은 하나 둘 빛을 바래기 시작했다네. 이제 그 어디에도 '햄릿'은 없고 '베르테르'도 사라져 버렸다네.

오늘 아침 산길을 걸었네. 너무도 평온한 계절이 아닌가 하네. 문득 그때의 자네가 그리워지는 것은 아직 나의 가슴이 살아 뛴다는 증거라고 믿고 싶네. 더 늦기 전에 자네를 찾아 떠나야겠네. 모든 것을 흙으로 되돌리는 가을 숲의 복

원력을 온몸으로 전해 받아 망각 속에 숨쉬는 그들의 푸른 눈빛을 다시 살려냈으면 한다네. 이 순간의 절실함이 나만이 갖는 꿈인지를 자네에게 물어 보고 싶네. 우리는 결코 잊은 적이 없다는 것을. 다만 잠시 접어두었다가 함께 꺼내어 볼 날을 기다리고 있었노라고 말일세.

아아 벗이여! 쑥부쟁이의 보랏빛 꽃잎이 저렇게 고울 수가 있는가. 만약 자네의 기억 속에도 저 꽃들의 눈부신 일렁임이 살아있다면, 자네 나를 맞으러 오지 않으려는가.

농부가 비를 청하듯이 나는 땅위에 엎드려 신에게 눈물을 달라고 기도했었네. 그러나 아아, 내가 그토록 목마르게 갈망했는데, 신은 결코 비도 햇빛도 주시지 않았다네. 이제 되돌아보면 괴롭기만한 그 시절이 어찌하여 그렇게 행복했을까.

안나푸로나의 길(2)

오늘은 하루 종일 비를 맞으며 걸었다. 어둠이 시야 가장자리로 잦아들 때쯤 지친 몸으로 울레리 산장에 발을 들였다. 산장이라 하지만 전기도 우물도 없는 초라한 곳이었다. 촛불 속에 소박한 식사가 나왔다. 산장주인인 젊은 부부는 어린 남매를 키우며 살고 있었는데, 살림이 별반 넉넉하지 않아도 행복해 보였다. 그들 부부는 비가 내리는 밤중인데도 밭에 나가 과일을 따오고 따끈한 차도 끓여 주었다. 이방인의 낯설음을 풀어 주려고 애쓰는 모습이 너무도 따스했다.

내일은 고레파니를 거쳐 푼힐 전망대까지 올라가야 한다. 고산증세가 올 수도 있으니 미리 수분을 많이 섭취해 두어야 했다. 깊어 가는 습한 밤이 추위를 부추기자 까닭 없는 서글픔과 외로움이 피곤에 젖은 침낭 속을 헤집고 들어왔다. 너와지붕을 두드리는 빗소리의 반복음은 망각의 바닥에

설 앉은 J의 잔상을 기억의 수면 위로 떠올렸다. 그녀는 여기 안나에서 스물 몇 해의 고운 열정을 묻기까지 자신을 향한 살아남은 자의 슬픔을 한 번이라도 생각해 봤을까.

주변의 조용함이 아침을 깨웠다. 창문을 가득 메운 햇살에 혹시나 하며 바삐 몸을 일으켰다. 아니나 다를까, 어제까지만 해도 가스 때문에 보이지 않던 안나의 남봉이 짙푸른 하늘을 이고 공중에 떠 있는 것이다. 나를 밀어낼 것만 같은 위용은, 순간 숨을 멎게 했으며 드디어 히말라야의 중심에 서 있음을 확인시켜 주었다. 눈 아래 끝간 데 없는 천상의 구름바다가 발을 허공에 담근 듯 착각을 불러 일으켰고 그 위에 솟은 안나와 히운출리, 강가푸로나, 마차푸차레 등 만년설의 파노라마가 아침 햇살에 더욱더 순백을 자랑했다. 두 눈 속에만 담는 것이 너무도 아까워 카메라 셔터 위의 검지를 쉴새없이 움직이고 있었다.

그 시절 모처럼 여름휴가를 맞아 내설악 종주산행을 할 때였다. 새벽부터 우리는 경사가 심한 공룡능선을 숨 가쁘게 오르내렸다. 특히 여름철의 공룡능선은 참으로 지루한 코스였다. 그리고 유달리 물이 귀해 다음 막영지까지는 물을 아낄 수밖에 없었고, 흐르는 땀만큼 목이 타들었다. 계획한 대로 움직이는 산행이었므로 다소의 긴장에 말수도 차츰 줄어들었다. 서로 목이 마르다는 의사는 눈으로만 읽을 뿐

표현을 삼갔는데, 마침 앞서가던 그녀가 바위틈새의 가는 물줄기를 발견하고 탄성을 울렸다. 모두 달려들어 마시기를 주저하지 않았는데 순간 그녀는 '선배 먼저!'를 외쳤다. 그리곤 재빨리 컵을 꺼내 물을 받아 저만치 있는 나에게 주는 것이 아닌가. 산악회 뒷 기수인 그녀가 산악 조직론을 거론하는 것이 일순 대견하기도 했으며 '떡잎부터 안다'는 산꾼으로서의 자질을 엿볼 수 있어 흐뭇하고 든든했다.

평소에도 그녀는 히말라야 14좌중 안나가 제일 좋다며 언젠가는 여성등반대를 꾸려 안나 원정등반을 이루고 싶다는 당찬 포부를 얘기하기도 했다. 그 후로 그녀는 내적 기량을 다듬는 것에서부터 모든 일에 적극적이었고 솔선수범을 했다. 그런 그녀를 옆에서 지켜보며 꼭 꿈을 펼칠 수 있기를 내심 빌어주었다. 그런데 나름의 의지가 굳은 산꾼들은 대개가 자신의 행동철학이 분명한 만큼 개성이 강해 단독등반을 좋아한다. 그녀도 여러 가지 척박한 산악계 환경 속에서 순수여성대의 원정등반 실현에 노력을 기울이다 여의치 않자 결국 혼자서 말도 없이 안나로 떠났던 것이다.

해질 무렵에야 고레파니를 거쳐 푼힐에 올랐다. 네팔의 3대 전망대 중 하나인 이곳에서는 14좌 중의 하나인 다울라기리와 투쿠체, 닐기리, 마차푸차레, 안나푸로나라운드 등 빼어난 산들이 지구의 경계를 날카롭게 가늠하고 있었다.

변하지 않는 만년설은 시시각각 변하는 사회상을 비웃기라도 하듯 장엄하게 펼쳐져 있다.

지친 하루의 일과가 끝나자 푼힐의 노을은 사위어 가는 한 인간의 절절한 꿈을 조용히 거두어 간다.

어둠이 피곤한 몸에 실려 부재(不在)의 아픔으로 번져왔다.

안나 : 산악인들끼리 부르는 안나푸로나(히말라야 산맥의 8천m급 14좌중 하나) 산의 애칭

가스 : 산악용어로 산안개를 일컬음

현대문학수필작가회 회원 주소록(2011.10.20 현재)

정목일 (055)263-1628 010-3866-1628
E-mail : namuhae@hanmail.net
경남 창원시 상남동 44-1 대동아파트 119동 502호

김정빈 (031)667-2599 010-4050-2598
E-mail : jeongbin22@hanmail.net
경기도 평택시 도일동 401 감나무집

김태문 (02)568-7829 010-3757-1295
E-mail : yasong510@naver.com
서울 강남구 대치3동 쌍용아파트 1동 201호

반숙자 (043)872-9441 010-9986-9441
E-mail : bandal55@hanmail.net
충북 음성군 음성읍 읍내리 351-1 삼보아파트 102-202

염정임 (02)3471-4113 011-9008-9386
E-mail : ivy17@paran.com
서울 서초구 서초동 1678-1 동아빌라트 1타운 1701호

정태원 (02)6272-5213 010-4758-5213
E-mail : sunstar@naver.com
서울 송파구 잠실동 잠실엘스 162동 2102호

김은숙 (063)222-9346 010-6643-5632
E-mail : kespoem@hanmail.net
전북 완산구 삼천동 1가 705-5 우성고층A 101동 110호

오경자 (02)355-7718 016-344-7718
E-mail : mikj7@hanmail.net
서울 은평구 녹번동 29-21

최일순 (042)482-2996 010-4192-2996
E-mail : illsoonchio@hanmail.net
대전시 서구 둔산동 삼성 한마루아파트 10동 1201호

조설우 (02)313-5189 010-258-5189
E-mail : cms4755@naver.com
서울 서대문구 현저동 101-289

이옥자 (02)584-5550 011-9064-5750
E-mail : leeja106@hanmail.net
서울 서초구 서초3동 1507-15

남기연 (02)2293-7058 010-7186-7058
E-mail : lotus7258@hanmail.net
서울 성동구 마장동 금호어울림아파트 105동 504호

김희정 (051)293-1509 011-554-1509
E-mail : kimheejung357@hanmail.net
부산시 사하구 하단동 503-6 길메리 유치원

김정택 (064)726-2911 018-608-6925
E-mail : stkiimsj@hanmail.net
제주시 이도1동 1704-12 세종의원 (064)757-6925

이관희 (032)662-2531 010-3020-2531
E-mail : gounson2244@hanmail.net
경기도 부천시 소사구 심곡본동 618-23

이부림 (02)962-2057 010-4063-2068
E-mail : bulimy@hanmail.net
서울 동대문구 회기동 346-11 1통 1반

주연아 (02)586-4327 010-5229-4177
E-mail : yeonahjoo@hanmail.net
서울 서초구 방배동 999-1 월드빌라트 1001호

윤소영 (02)2648-4301 010-3036-4301
E-mail : ysoso27@hanmail.net
서울 광진구 자양3동 더샵스타시티아파트 D-3802호

장영향 (053)383-3424 010-810-3424
대구시 북구 산격2동 502-25

남영숙 (053)624-9877 010-512-5308
E-mail : youngsook123@hanmail.net
대구시 대명2동 1799-21

이병훈 (053)642-9220 011-802-9220
E-mail : lbh9220@hanmail.net
대구광역시 남구 봉덕2동 1632번지 래미안웰리스트 105-1302

이주리 (063)631-1919 017-613-0858
E-mail : yejung20@hanmail.net
전북 남원시 하정동 216-4 노동부 남원 고용지원센터

이동화 (02)2685-8993 010-7767-8993
E-mail : moonset30@hanmail.net
경기도 광명시 철산2동 215-2

전영선 미국 거주

최종두 (052)272-2108 011-872-2108
E-mail : cjd2108@hanmail.net
울산시 중구 성안동 800-2 에버그린홈 501호